200 neue

Spielideen

FÜRS GANZE JAHR

kaufmann

Inhalts-

VERZEICHNIS

Inhalts-

VERZEICHNIS

Von der Wichtigkeit

des Spiels

Spiele sind so art- und variantenreich wie Kinder selber. *„Das Spiel der Kinder sollte als ihre wichtigste Beschäftigung aufgefasst werden"*: Das wusste lange vor Fröbel schon der Philosoph, Politiker und Begründer der Essayistik Michel de Montaigne (1533–1592). Im Spiel erschließen sich Kinder Fähig- und Fertigkeiten, die sie für ihr späteres Leben benötigen. Das Spiel – so führten Pädagogen der anschließenden Jahrhunderte weiter aus – ist der Beruf des Kindes. Spielen ist für Kinder ein Grundbedürfnis und damit ähnlich wichtig wie Essen und Trinken.

Spiele fürs Leben

Spielen ist Entwicklungsförderung

Was immer sich Kindern in den einzelnen Phasen und Stufen ihrer Entwicklung erobern und aneignen sollen: Das Spiel bietet die Voraussetzung dafür. Emotionale und soziale Kompetenzen eignen sich Kinder beim Aushandeln von Spielregeln oder in Rollenspielen an. Fein- und grobmotorische Kompetenzen, Körpergefühl, Körperwahrnehmung, Körpersinne und vieles mehr fördern Spiele mit viel Bewegung. Die Liste ließe sich weiter fortsetzen.

Was bei Tieren und Tierjungen in der Wissenschaft längst als erwiesen gilt, das hat auch für unsere Kinder große Bedeutung. In wissenschaftlichen Experimenten stellte sich heraus, dass die Großhirnrinde von Rattenjungen, die am Spielen gehindert wurden, sich nicht richtig ausbildete. Spielen ist neurowissenschaftlich gesehen der Motor für die gesunde Entwicklung grundlegender Kompetenzen und Fertigkeiten.

Kinder seien heute zappeliger, unkonzentrierter, heißt es oft. Statistiken weisen darauf hin, dass die Zahl der Kinder, die spezielle Förderung in Anspruch nehmen müssen, ständig steigt: Jedes zweite Kind in Deutschland erhält während seiner Schulzeit eine Therapie. Mehr als jedes vierte Kind zwischen 6 und 18 Jahren erhält Logopädie, fast jedes fünfte Ergotherapie, eins von zehn Kindern wird psychotherapeutisch betreut.

Dabei fällt auf: Gerade Kinder, die nicht oder nur selten mit anderen Kindern spielen, befinden sich in irgendeiner Form der heilpädagogischen Behandlung. Spielen wirkt sich nachhaltig auf die körperliche, geistige und seelische Entwicklung von Kindern aus. Was auf Eltern häufig chaotisch und ungeordnet wirkt – nämlich die Freispielzeit in der Kita – ist in Wirklichkeit der wichtigste Moment in der Entwicklung ihrer Kinder.

Spielen macht weltsicher

Zugang zur Welt

Im Spiel eignen sich Kinder neben Lebenskompetenzen auch Wissen über die Welt an. Hier geht es einerseits um grundlegende (natur-)wissenschaftliche Erkenntnisse: Hüpfe ich mit viel Schwung auf dem Trampolin, komme ich höher. Aber es geht auch um das Erfahren des eigenen Körpers und die Schärfung der Selbstwahrnehmung: Drehe ich mich schnell um mich selbst, wird mir schwindlig.

Im Kollektiv erziehen sich Kinder häufig selbst – ganz ohne pädagogisches Eingreifen von Erwachsenen: Wer nicht fair spielt, darf nicht mitmachen. Spielen macht selbstsicher und es macht auch weltsicher: Wer häufig im Wald, auf dem Hof, im Garten, im Park, auf Asphalt, in der Turnhalle, im Raum und auf diese Weise auf verschiedenen Untergründen spielt, der wird trittsicher, die Muskulatur strafft sich, der Gleichgewichtssinn entwickelt sich. Auch hier lässt sich die Liste der positiven Wirkungen von Spielen mit Bewegung noch viel weiter fortführen. „Spiele sind eine Tätigkeit, die man gar nicht ernst genug nehmen kann", formuliertere der Meeresforscher Jacques-Yves Cousteau.

Spiele mit Spaß

Für Kinder und pädagogische Fachkräfte

Spielanleitungen sind eigentlich unnötig. Kinder fanden, finden und erfinden zu allen Zeiten und unter widrigsten Umständen ihr eigenes Spiel. Spielideen sind dann wichtig, wenn es darum geht, Kindern einen ersten Impuls zu geben oder um Kinder an die Beschäftigung mit Regeln heranzuführen. Die Spielideen in diesem Buch sind so ausgewählt, dass sie attraktiv und spannend sind und Kinder direkt ansprechen und zum Mitmachen motivieren. Sie sind aber auch so angelegt, dass die Kinder sie stets selbst weiter- und umerfinden können.

Nichts ist vorgeschrieben: Die Kinder können und sollten selbst aktiv werden und sich an Spielideen nur orientieren. Manchmal bevorzugen größere Kinder Spiele mit Wettkampfcharakter: Das Sich-miteinander-Messen gewinnt für Kinder ab 5 oder 6 Jahren an Bedeutung, um sich im Zuge sozialer Vergleichsprozesse einordnen zu lernen. Trotzdem haben wir in diesem Buch weitgehend auf Wettspiele verzichtet und stellen das Miteinander in den Vordergrund.

Geordnet haben wir die Spiele nach den Jahreszeiten und ihren Festen. Das erlaubt Ihnen als pädagogische Fachkraft einen schnelleren und gezielteren Zugriff. Die Ausrichtung an den Jahreszeiten trägt aber zugleich auch der Tatsache Rechnung, dass das Verorten in Zeit und Raum ein weiterer wichtiger Baustein auf dem Weg zu mehr Lebenssicherheit und Orientierung darstellt.

Die Spiele in diesem Buch sind teils traditionell und überliefert (Spiele, die schon unsere Großeltern spielten), zum größeren Teil sind die Spiele aber neu und originell. Machen Sie auch selbst mit! Erlauben Sie sich, was Kinder noch von sich aus mitbringen: Freude, Spaß und Lachen bei ihrer Lieblingsbeschäftigung!

Spielende Kinder sind lebendig gewordene Freuden.
(Friedrich Hebbel)

Der Frühling

DIE NATUR ERWACHT

Woran merken die Kinder, dass es Frühling ist? In Mitteleuropa merken sie es möglicherweise gar nicht. Auch wenn es noch immer schneit, regnet oder kalt ist: Es gibt sie, die Frühlingsboten, die selbst bei Eis und Schnee den Frühling ankündigen. Im Wald werden die Knospen der Blätter jetzt größer und gut sicht- und fühlbar, selbst wenn sie sich noch nicht öffnen. Forsythien, Zaubernuss und Haselbüsche blühen, Weiden bieten Kätzchen zum Streicheln, Anfassen und Gestalten an. Erste grüne Spitzen von Brennnesseln, Schaumkräutern und Buschwindröschen schieben sich an Waldwegen aus der Erde. Frühblüher wie Krokus, Huflattich, Schneeglöckchen und Märzenbecher trauen sich als Erste aus der noch halb gefrorenen Erde. Aber bald schon werden sie auf Wiesen von Löwenzahn, Gänseblümchen, Gundermann und Veilchen abgelöst.

Und dann ist er irgendwann wirklich da: der Frühling! Osterglocken, Narzissen, Tulpen und Traubenhyazinthen erfreuen Augen und Nasen. Vögel bauen Nester und singen ihre Lieder, Pusteblumensamen schweben durch die Luft.

Es entsteht das Gefühl, dass alles aufwacht, sich erneuert und aufblüht: Menschen, Tiere und Pflanzen. Für die Kinder bedeutet der Frühling, dass ein Teil ihres aufwendigen An- und Ausziehszenariums wegfallen kann. Gerade der Frühling ist darum auch eine sehr sinnliche Jahreszeit, in der die Kinder ohne Handschuhe frische Pflanzen berühren und anbauen, ohne Mütze warmen Wind erspüren und mit der Nase Blumendüfte erschnuppern können.

Das größte und bekannteste Frühlingsfest ist Ostern. Aber auch der Wonnemonat Mai beginnt mit einem Feiertag und will gebührend begrüßt werden. Wir haben für alle diese Frühlingsmomente und für einige mehr, wie beispielsweise den Mutter- oder Mutter-Vater-Kinder-Tag, Ideen für Sie und die Kinder zusammengestellt. Machen Sie doch ein kleines Ritual daraus, den Winter zu verabschieden und den Frühling in die Kita und Ihre Gruppe zu locken …

Winter ade!

Scheiden tut weh.
Gehst du nicht bald nach Haus,
Lacht dich der Kuckkuck aus!
Winter ade!
Scheiden tut weh.

Hoffmann von Fallersleben

Blumenwunder

UND

Blütenpracht

Blüten-Pancakes

Rezept ab 4 Jahren

Kandierte Blüten

Rezept ab 4 Jahren

**Das brauchen Sie für 6 Kinder und
2 pädagogische Fachkräfte:**

- 6 Eier
- 1 Prise Salz
- 1 Päckchen Vanillezucker
- 5 Esslöffel Zucker
- 200 ml Milch
- 400 g Naturjoghurt
- 300 g Mehl
- 2 Päckchen Backpulver
- 2 Handvoll essbare Blüten (z. B. Veilchen oder Gänseblümchen, siehe Kasten auf S. 9)
- Öl zum Ausbacken

Die Eier mit Salz, Vanillezucker und Zucker schaumig schlagen. Milch und Naturjoghurt unterrühren. Mehl mit Backpulver mischen und unterrühren. Den Teig etwa 5 Minuten ausquellen lassen. Zum Schluss die Blüten ganz oder etwas zerzupft dazugeben. In der Pfanne in etwas Öl kleine dicke Pancakes von beiden Seiten etwa drei Minuten backen.

Dazu passt Ahornsirup oder Honig.

Das brauchen Sie:

- Essbare Blüten oder Blätter (s. Kasten auf S. 9), z. B. Rosenblätter, Veilchenblüten oder Minze-Blättchen, Blätter und Blüten von Zitronenmelisse
- 100 g Zucker
- 80 ml Wasser

Den Zucker in einen Topf im Wasserbad geben. Kurz aufkochen lassen, bis der Zucker komplett aufgelöst ist, und abkühlen lassen. In der Zwischenzeit die Blüten unter kaltem Wasser abspülen, trocken schütteln und auf Küchenkrepp ganz trocken werden lassen. Die Blüten einzeln in den entstandenen Sirup tauchen, abtropfen lassen und auf Backpapier trocknen und fest werden lassen. Die Blüten sollen dabei von allen Seiten mit Sirup ummantelt sein. Sollte der Zucker auf den Blüten wieder Feuchtigkeit anziehen, mit weiterem Zucker bestreuen. An einem warmen Ort komplett trocknen lassen. Dies dauert in der Regel etwa fünf Tage.

Die fertigen kandierten Blüten sollten Sie innerhalb einer Woche verzehren. Sie eignen sich als Dekoration auf Kuchen, Torten, Muffins, Eis, Desserts und Salaten.

Blütenwunderbild

Malaktion ab 3 Jahren

Das brauchen Sie:

- Malpapier in blauen Farben
- Klebstoff
- hellgelbes Krepppapier
- echtes Gras und/oder Moos
- echte Blüten (Gänseblümchen, Löwenzahn, Veilchen, Gundelrebe, …)
- schwarzen Filzstift
- Schere

Draußen sammelt jedes Kind einige schöne Gräser und ein oder zwei Frühlingsblüten. Auf dem Malpapier gestalten die Kinder einen Boden, indem sie Gräser und Moos aufkleben. Gräser können auch klein geschnitten werden. Auf und über diesem Boden kleben die Kinder einige Blüten nach eigenen Ideen auf. Aus dem Krepppapier ein kleines Schleifchen falten. Einen Schmetterlingskörper auf das Blatt malen und die Schleife als Flügel passend aufkleben.

Was könnte noch auf der Wiese zu sehen sein? Pusteblumensamen, kleine Blättchen usw. können die Kinder auch im Wind über der Wiese schweben lassen.

Essbare Blüten

Nicht alle Blüten sind essbar. Giftige Pflanzen haben ihre Giftstoffe oft in allen Pflanzenteilen. Von folgenden Pflanzen sind die Blüten essbar:
- ✔ Rosenblätter
- ✔ Holunderblüten
- ✔ Stiefmütterchenblüten
- ✔ Gänseblümchenblüten
- ✔ Borretschblüten
- ✔ Kapuzinerkresseblüten
- ✔ Ringelblumenblüten
- ✔ Blüten von Minze und Zitronenmelisse
- ✔ Junge Löwenzahnknospen und -blüten

Eine kleine Knospe

Mitmachgedicht ab 2 Jahren

Das brauchen Sie:

- 1 Badeschwamm aus Tüll in einer bunten Farbe
- 1 Schmetterling (z. B. selbst gebastelt)

Es schlummert in Eis und Schnee
Eine Knospe, noch kaum zu seh'n.
(Sich auf dem Boden zusammenkauern)

Doch jetzt scheint die Sonne so warm und so hell,
die Pflanze, die reckt sich, die Knospe wächst schnell.
(Aufstehen und sich langsam aufrecht hinstellen, sich recken und strecken)

Die Knospe, sie wackelt und wippelt im Wind,
öffnet sich langsam, und dann ganz geschwind.
(Die Arme über den Kopf führen, ganz ausbreiten und nach unten führen)

Hervor kommt die Blüte, ganz zart und sehr schön,
ein Schmetterling landet. Wie gut, dich zu seh'n!
(Winken)

Variation:
Die Kinder können das Gedicht auch mit einem Badeschwamm und einem Spielzeugschmetterling nachspielen: Den Schwamm in einer bunten Farbe in die Faust nehmen, sodass er fast nicht zu sehen ist. Dann mit der Hand Sonnenstrahlen nachmachen, die an der Faust kitzeln. Die Faust langsam öffnen, bis der Schwamm herausquillt. Den Schmetterling darauf landen lassen.

Marienkäfer

FLIEGEN

wieder

Kleiner, roter Käfermann

Fingerspiel ab 2 Jahren

Das brauchen Sie:

- eventuell einen Kieselstein, als Marienkäfer angemalt

Das Streichelspiel können Sie oder die Kinder mit dem Marienkäferkieselstein von Seite 11 durchführen oder einfach mit der eigenen Hand.

Ein kleiner, roter Käfermann,
krabbelte den Berg hinan.
(Mit der Hand den Oberarm hinaufklettern)

Hockt sich hin und ruht sich aus,
so sieht die Welt von oben aus.
(Oben angekommen seufzen)

Der Berg, der wackelt lustig und munter,
der Käfer purzelt den Hang hinunter.
(Mit der Hand den Arm hinabstreicheln)

Da liegt er nun und streckt die Beine,
rumdrehen kann er sich nicht alleine.
(Die Hand mit der Handfläche nach oben hinlegen und mit den Fingern wackeln)

Da kommt ein Windchen, stupst ihn an,
den kleinen, roten Käfermann.
(Hand wieder umdrehen und davonkrabbeln)

Erleichtert fliegt der Käfer fort,
von diesem wackeligen Ort.
(Mit der Hand durch die Luft „fliegen")

Wie viele Punkte haben Marienkäfer?

Der bei uns häufigste und auch bekannteste Marienkäfer ist der sogenannte Siebenpunkt, woraus sich auch die Anzahl der schwarzen Punkte auf den roten Flügeln ergibt. Je drei Punkte sitzen auf jedem Flügel. Der siebte Punkt liegt nah beim Hals, genau auf der Trennlinie der beiden Flügel. Auch der Zweipunkt (zwei schwarze Punkte auf roten Flügeln oder umgekehrt zwei rote Punkte auf schwarzen Flügeln) ist häufig anzutreffen.

Falls Sie das Glück haben, einen echten Marienkäfer beobachten zu können: Zählen Sie mit den Kindern die Punkte! Es gibt auch Marienkäfer mit fünf Punkten oder mit sehr vielen, z. B. 22 Punkten, und das alles in den Farbvarianten Rot, Gelb und Schwarz. Marienkäfer besitzen vier Flügel: ein Paar Hautflügel zum Fliegen und ein Paar fester Deckflügel über den zarten Hautflügeln, die diese schützen.

Marienkäfer zum Spielen

Malaktion ab 3 Jahren

Das brauchen Sie:

- pro Käfer einen schönen, glatten Kieselstein
- Acrylfarben in Rot, Schwarz und Weiß
- Fotos von Marienkäfern
- Wattestäbchen
- Pinsel

Den Stein als Marienkäfer bemalen. Dazu können die Kinder sich echte Marienkäfer angucken und ihren Stein entsprechend gestalten. Die Punkte und Augen können die Kinder mit Wattestäbchen auftupfen. Gut trocknen lassen. Zum Schluss evtl. mit Klarlack fixieren. Der Marienkäfer passt auch in den Minigarten auf Seite 13.

Leckere Marienkäfer

Rezept ab 3 Jahren

Das brauchen Sie:

- einige Stängel Basilikum
- runde Vollkornbrotscheiben
- Frischkäse
- Cocktailtomaten
- schwarze Oliven ohne Stein
- Mayonnaise oder Salatcreme

Die Brotscheiben mit Frischkäse bestreichen. Eine Cocktailtomate in der Mitte durchschneiden. Die Hälfte an einer Seite etwas anschneiden und auf das Brot setzen. Als Kopf eine Olive dazulegen. Mit der Mayonnaise zwei weiße Augen auftupfen. Aus gewürfelten Oliven können Sie schwarze Marienkäferflecken machen und sie mit etwas Mayonnaise auf den „Flügeln" ankleben. Fühler können aus Basilikumstängeln entstehen.

Marienkäfersong

Lied ab 2 Jahren

Den „Marienkäfersong" können Sie und die Kinder nach der Melodie von" Funkel, funkel, kleiner Stern" singen.

Rotes, kleines Käfertier,
sei so nett und bleib bei mir.
(Den Käfer mit den Händen heranwinken)

Krabbel lustig hin und her,
wiegst nichts und bis gar nicht schwer.
(Mit der Hand über den eigenen Arm krabbeln)

Komm zu mir und kitzel mich,
das gefällt dir sicherlich.
(Sich kitzeln und lachen)

Rotes, kleines Käfertier,
sei so nett und bleib bei mir.
(Den Käfer heranwinken)

Ruh dich auf mei'm Finger aus,
breite deine Flügel aus.
(Die Arme als Flügel ausbreiten)

Flieg davon durch Frühlingsluft,
bis zu einer Blüte Duft.
(Flugbewegungen machen)

Rotes, kleine Käfertier,
bleibst nicht hier, ich winke dir.
(Dem Käfer nachwinken)

Flieg von meinem Finger fort,
such dir einen schönen Ort.
(Die Hand an die Augen legen und dem Käfer nachgucken)

Rotes, kleines Käfertier,
mach es gut, ich winke dir.
(Winken und „Auf Wiedersehen" rufen)

Spannendes in Wiese, GARTEN UND im Gruppenraum

Blütenexperiment

Experiment ab 4 Jahren

Das brauchen Sie:

- 1 weiße Tulpe oder andere weiße Schnittblume
- 2 Gläser oder Becher mit Wasser
- blaue Tinte oder Lebensmittelfarbe
- 1 kleines Küchenmesser

Die beiden Gläser mit Wasser füllen. In ein Glas zusätzlich blaue Tinte oder Lebensmittelfarbe geben. Unter Aufsicht schneidet ein Kind den Blumenstängel von unten so ein, dass man den einen Teil des Stängels in das eine und den anderen Teil ins andere Glas stellen kann. Nach einiger Zeit können die Kinder beobachten, dass sich die Blüte der Blume zu verfärben beginnt. Dabei verfärbt sich der Teil der Blüte, der vom Stängel im blauen Wasser versorgt wird, auch blau. Der andere Blütenteil bleibt weiß. Hier können die Kinder gut sehen, wie genau die Pflanze Wasser aus der Erde (in unserem Beispiel die Wassergläser) in die oberen Pflanzenteile transportiert: Verantwortlich sind die kleinen Kanäle im Blütenstängel, die das Wasser durch die Pflanze pumpen.

Ich bin ein Frosch

Kreisspiel ab 5 Jahren

Die Kinder sitzen im Sitzkreis. Das erste Kind (z. B. mit dem Namen Marie) kommt in die Mitte und erklärt, welches Frühlingstier es gern sein möchte und wie dieses Tier sich bewegt oder welche Laute es macht, z. B.: „Ich bin ein Frosch und im Frühling hüpfe ich von Blatt zu Blatt", und eine entsprechende Hüpfbewegung vormacht. Das nächste Kind im Uhrzeigersinn, beispielsweise Leo, nimmt nun Maries Platz in der Mitte ein, während Marie sich wieder hinsetzt. Leo wiederholt Maries Satz und hängt ein eigenes Tier an: „Marie ist ein Frosch und im Frühling hüpft sie von Blatt zu Blatt. Ich bin eine Hummel und im Frühling summe ich über der Wiese." Dazu macht er die passenden Bewegungen. Je weiter das Spiel geht, desto schwieriger wird es.

> Der Frühling ist eine echte Auferstehung, ein Stück Unsterblichkeit.
>
> *Henry David Thoreau*

Mein Minigarten

Gartenspaß ab 4 Jahren

Das brauchen Sie:

- pro Kinderpaar eine Holzkiste (z. B. aus dem Supermarkt) oder einen Pflanzkasten
- evtl. Pflanzfolie
- Pflänzchen zum Direktauspflanzen (z. B. Dill, Schnittlauch, Basilikum, Pflücksalat, Petersilie usw.)
- Pflanzenerde (am besten Anzuchterde)
- Gießkannen
- Samen von schnell wachsenden Kräutern und Pflanzen, z. B. Kresse, Kapuzinerkresse, Alfalfasprossen
- Sandkastenrechen
- Sandkastenschaufel
- kleines Spielzeug (beispielsweise auch den Marienkäfer von Seite 10)
- Eisstiele oder kleine Ästchen
- Steine, Moos und anderes Naturmaterial

Die Kästen wenn nötig mit Folie auslegen (bei Holzkisten) und mit der Erde füllen. Die Erde feucht halten und mit dem Rechen in Form bringen. Die Kinder finden sich zu Paaren zusammen. Jedes Paar darf sich einen Minigarten gestalten. Dazu pflanzt es ein oder zwei Pflanzen direkt in den Kasten. Eine freie Fläche lassen und hier mit den Eisstielen oder Zweigstückchen/Ästchen einen Zaun gestalten. Hinter dem „Zaun" säen die Kinder Samen ihrer Wahl aus, der Rest dient als Spielfläche. Der Minigarten kann z. B. mit kleinen Elfenfiguren, Tieren und anderen winzigen Spielzeugen bespielt und dekoriert werden. Nach und nach verändert sich der Minigarten, wenn die Samen austreiben. Den Garten zum Schluss mit Moos, Steinen und anderem Naturmaterial weiter ausgestalten.

Pusteblumenbilder

Malaktion ab 2 Jahren

Das brauchen Sie:

- echte Pusteblumen von Löwenzahn oder Wiesenbocksbart
- Malpapier/Tonpapier in Schwarz oder Dunkelblau
- gut deckende Flüssigfarben in Weiß und Grüntönen
- Spülbürsten mit rundem Kopf
- Pinsel

Die Kinder betrachten die Pusteblumen, befühlen sie und dürfen sie natürlich auch anpusten. Das Malen dieser wunderbaren Pflanzen funktioniert ganz einfach: Mit einem Pinsel und den grünen Farbtönen auf das Papier Stängel malen und den Spülbürstenkopf in die flüssige weiße Farbe tauchen. Als Pusteblume auf die Stängel drucken.

Entspannen
AUF DER
Frühlingswiese

Feenfantasiereise auf der Wiese

Fantasiereise ab 4 Jahren

Das brauchen Sie:

- CD-Spieler mit entspannender Musik
- Matten
- Matratzen
- Decken

Bereiten Sie für die Kinder gemütliche Nestchen vor, in denen sie entspannen oder träumen können. Stellen Sie die Musik leise an, sorgen Sie für eine freundliche, entspannte Atmosphäre. Dann erzählen Sie den Kindern die Geschichte von den Blütenfeen und Wurzelwichteln.

Die Fantasiereise

Heute ist ein schöner, warmer Frühlingstag. Die Blüten der Wiesenblumen duften und locken Schmetterlinge, Bienen und Hummeln an … und auch ein paar Blütenfeen.

Die Blütenfeen schweben langsam heran und lassen sich auf einer großen schönen Margeritenblüte nieder. Hier lassen sie sich von der Sonne bescheinen. Das tut gut, alles wird ganz warm.

Die Blütenfeen schließen die Augen und beginnen zu träumen, während die Blüte sie im Wind sanft wiegt. Hin und her. Das tut gut. Hin und wieder her. Ein zarter Wind streichelt die Blütenfeen dabei. Die Blütenfeen werden ganz ruhig.

Auf der Wiese gibt es natürlich nicht nur Blütenfeen. Während sich die Blütenfeen auf ihrer Margerite entspannen, lockt der Sonnenschein auch die Wurzelwichtel aus der Erde an die Oberfläche.

Ach, ist das schön heute. Die Wurzelwichtel haben Zauberkräfte und können fliegen – ganz genau wie die Blütenfeen. Sie fliegen zu einer schönen großen Tulpenblüte und kriechen hinein, bis auf den Boden. Hier liegen sie und gucken durch die Öffnung in der Blüte hinauf in den Himmel.

Die Wurzelwichtel lassen sich sanft hin und her schaukeln. Hin und her. Hin und wieder her.

Nach kurzer Zeit sind die Blütenfeen und die Wurzelwichtel natürlich eingeschlafen. Wenn du jetzt gleich wach wirst und dich gereckt und gestreckt hast, kannst du selbst einmal nachgucken, ob du sie noch erwischst.

Ergänzung und Erweiterungen

Das brauchen Sie:

- 1 Margerite (ersatzweise Osterglocke o. Ä.)
- 1 Tulpe
- Vase
- Malblätter
- Buntstifte

Im Anschluss an die Geschichte können sich die Kinder die in der Geschichte erwähnten Blumen tatsächlich (in Ihrer Vase) anschauen. Selbstverständlich gucken die Kinder auch genau nach, ob sich nicht eventuell Wichtel oder Feen in oder auf den Blüten befinden. Keine Zauberwesen zu sehen? Wie sehen diese beiden Vertreter wohl aus? Wie klein müssen sie sein, um in eine Blüte zu passen? Wären die Kinder selbst gern einmal eine solche Fee oder ein Wichtel? Und was würden sie dann den ganzen Tag über tun?

Möchten die Kinder einmal fühlen, wie es ist, wenn man in einer Blüte schaukelt? Das könnten Sie möglich machen, wenn Sie eine Hängematte oder einen Hängekorb aufhängen und die Kinder dort entspannen lassen. Wer spielt den Wind und schubst die träumenden Kinder sanft an?

Frühling

Was rauschet, was rieselt, was rinnt so schnell?
Was blitzt in der Sonne? Was schimmert so hell?
Und als ich so fragte, da murmelt der Bach:
»Der Frühling, der Frühling, der Frühling ist wach!«
Was knospet, was keimet, was duftet so lind?
Was grünet so fröhlich? Was flüstert im Wind?
Und als ich so fragte, da rauscht es im Hain:
»Der Frühling, der Frühling, der Frühling zieht ein!«
Was klingelt, was klaget, was flötet so klar?
Was jauchzet, was jubelt so wunderbar?
Und als ich so fragte, die Nachtigall schlug:
»Der Frühling, der Frühling!« — da wusst' ich genug!

Heinrich Seidel

Fröhliche Ideen
FÜR DIE
Osterhasenzeit

Osterhasenfingerspiel

Fingerspiel ab 2 Jahren

Guck, was liegt dort still im Gras,
ein Händchen voller Osterspaß.
(Die linke Hand als Osterhasen (Zeige- und Mittelfinger abspreizen) auf den Tisch oder den Oberschenkel legen und den Kindern zeigen)

Schnarcht und schläft auf Blumen drauf.
„Osterhase, wach mal auf!"
(Die Kinder rufen den Osterhasen: „Wach mal auf!")

Ein Huhn mit Namen Liese pickt,
bis es den Osterhasen zwickt.
(Die andere Hand kommt auf zwei „Beinen" heran, mit Zeigefinger und Daumen den Hasen zwicken)

Der Osterhas' springt auf und lacht,
war ja die ganze Zeit schon wach.
(Die linke Hand aufstellen und mit den Osterhasenohren (Fingern) wackeln)

Extratipp:
Im Innern der Osterhasenhand kann sich eine kleine Überraschung (z. B. ein Schokoei) für ein Kind befinden.

Rüblikuchen

Rezept ab 3 Jahren

Das brauchen Sie:

- 4 Eier
- 200 g Zucker
- 1 Päckchen Vanillezucker
- ¼ Päckchen Backpulver
- 50 g Kartoffel- oder Maisstärke
- 250 g gemahlene Haselnüsse (ersatzweise Mandeln)
- 250 g geriebene Möhren
- 1 Rolle Marzipandecke (oder Marzipanrohmasse)
- 1 Päckchen Kuvertüre, Zartbitter oder Kakao
- 1 Päckchen Marzipan- oder Zuckerrübchen (12 Stück)

Den Ofen auf 175 °C Ober- und Unterhitze vorheizen. Die Eier mit dem Zucker und dem Vanillezucker in einer Schüssel cremig rühren. Das Backpulver mit der Speisestärke mischen und mit den anderen Zutaten dazugeben, gut verrühren und in eine gefettete oder mit Backpapier ausgelegte Springform füllen. Je nach Ofen 45 bis 60 Minuten backen. Gut auskühlen lassen. Die Marzipandecke auf den Kuchen legen und feststecken. Oder die Marzipanrohmasse ausrollen, rund zuschneiden und auf den Kuchen legen.
Die Kuvertüre erwärmen und flüssig werden lassen. Den Kuchen damit bestreichen und die Rübchen auflegen.

Hasengeschenktüten

Mal- und Gestaltungsaktion ab 4 Jahren

Das brauchen Sie:

- Tonkarton in Dunkelbraun
- Märchenwolle oder Watte in Weiß
- Wackelaugen oder kleine Knöpfe
- schwarzen Filzstift
- evtl. schwarze Wollreste
- Tonkarton in Beige oder Gelb (auch gemustert)
- Krepppapier
- Klebstoff
- Schere
- Geschenkband
- kleine Süßigkeiten oder Geschenke zum Füllen

Aus dem braunen Tonkarton einen Hasen (Höhe ohne Ohren etwa 20 cm) ausschneiden. Dazu können Sie die Skizze nutzen. Den Hasen auf der Vorderseite nach Ideen der Kinder ausgestalten, z. B. Augen mit Wackelaugen oder Knöpfen aufkleben, Schnurrhaare aus Wollresten oder mit Filzstiftn gestalten. Auf der Hasenrückseite ganz unten einen Puschelschwanz aus Watte oder Märchenwolle aufkleben.

Für die Tüte aus dem gelben oder gemusterten Tonkarton ein „Kuchenviertel" mit etwa 15 cm Seitenlänge ausschneiden und zu einer Tüte rollen. Mit Klebestreifen und Klebstoff gut verkleben. Wie eine Schultüte am oberen Ende von innen mit etwas Krepppapier auskleben. Tüte füllen, Krepppapier mit Geschenkband zuschnüren. Die Tüte am Hasenrücken etwas schräg/versetzt ankleben.

Osterhasenspiele
UND IDEEN FÜR
Tür und Fenster

Ostereiersuche

Bewegungsspiel ab 3 Jahren

Das brauchen Sie:

- 1 großen Farbenwürfel
- viele bunte Ostereier (aus Kunststoff oder echte Eier zum Aufessen) passend zu den Farben des Würfels
- 1 Körbchen

Die pädagogische Fachkraft versteckt heimlich mehrere bunte Eier an verschiedenen Orten im Gruppenraum. Dabei sollten Sie sich notieren, wo die Verstecke liegen, falls Sie echte Eier verstecken!

Die Kinder würfeln mit dem Farbenwürfel. Würfeln sie beispielsweise „Gelb", gehen sie im Raum auf die Suche nach ausschließlich gelben Eiern. Interessant wird es für die Kinder, wenn Sie gelbe und beispielsweise grüne Eier an gleichen Orten (also gemeinsam) versteckt haben, sodass die Kinder sich einmal gefundene Verstecke weiter merken müssen. Alle erbeuteten/gefundenen Eier sammeln die Kinder in einem Körbchen. Sie können später gemeinsam genascht werden.

Osterkranz

Gartenspaß ab 4 Jahren

Das brauchen Sie:

- biegsame Zweige von Weide oder Hasel mit Kätzchen
- Basteldraht
- Garten- oder Heckenscheren
- Schere
- Zange
- Osteranhänger
- kleine Lichterkette (batteriebetrieben)

Wer sagt denn, dass es nur im Advent Kränze geben darf? Unser Osterkranz ist schnell fertig: Die Zweige zu einem kleinen Kranz rund biegen und mit Basteldraht zusammenbinden. Die Lichterkette um den Kranz winden. Dann können die Kinder den Kranz mit Osteranhängern verzieren. Jetzt nur noch das Licht anknipsen und freuen. Der Kranz kann die Tischmitte verschönern, auf dem Osterbüfett Kinder und Eltern erfreuen oder als kleiner Gruß während der Osterzeit die Eingangstür zieren.

Extratipp:
Sie können auch einen Adventskranzrohling aus Styropor, Kunststoff, Bast oder Zweigen verwenden, den die Kinder mit Gras umwickeln oder mit Moos bekleben oder bestecken.

Osterwürfelspiel

Tischspiel ab 3 Jahren

Das brauchen Sie:

- die Kopiervorlage für den Frühlingswürfel
- Buntstifte
- Schere
- Klebstoff
- pro Kind 5 kleine Ostereier und 5 Blüten (echt oder aus Stoff/Kunststoff)

Den Osterwürfel nach eigenen Ideen oder nach der Vorlage auf dieser Seite gestalten. Jedes Kind erhält fünf Ostereier und sucht sich fünf Blüten auf der Wiese. Dann wird im Uhrzeigersinn gewürfelt.

Folgende Regeln gelten:
Osterhase: Du darfst alle deine Ostereier bis auf ein einziges verschenken!
Osterei: Schenke einem Mitspieler eins deiner Ostereier.
Blume: Schenke einem Mitspieler eine deiner Blüten.
Möhre: eine Runde aussetzen.
Huhn: Lass dir von einem Mitspieler deiner Wahl eine Blüte oder ein Osterei schenken.
Fragezeichen: Du bekommst von jedem Mitspieler eine Blüte und ein Osterei.

Die Regeln können die Kinder auch selbst bestimmen und anders verteilen. Sieger ist, wer am ehesten alle seine Eier und Blüten los ist.

Bäume fahren
im Frühling aus der Haut.

Wilhelm Busch

Ein Zuhause
FÜR DIE
Ostereier

Schnelle Osterkörbchen

Das brauchen Sie:

- etwas Moos oder Gras
- einige Gänseblümchen
- runde oder eckige Schachteln oder Deckel (aus Pappe, Holz oder Pressspan)
- bunte Flüssigfarben
- Pinsel oder Schwämmchen
- einige bunte Ostereier zum Füllen

Die Schachteln mit den Flüssigfarben mit Pinseln oder Schwämmchen (Tupftechnik) anmalen und trocknen lassen. Mit Moos, Gräsern und Blüten füllen. Ostereier hineinlegen.

Osterteller

Das brauchen Sie:

- Pappteller
- Moos
- bunte Ostereier
- Tonkartonreste in bunten Farben
- bunte Federn
- Wackelaugen oder Knöpfe
- Klebstoff
- flüssige bunte Farben
- Pinsel oder Schwämmchen

Den Pappteller mit Pinseln oder Schwämmchen bunt anmalen oder gestalten. Gut trocknen lassen. Aus dem Tonkarton einen Vogel ausschneiden und mit einer Feder als Flügel bekleben. Augen mit Knöpfen oder Wackelaugen gestalten. Auf dem Teller ordnen die Kinder das Moos, den Vogel und die bunten Eier nach eigenen Ideen an. Zusätzlich können die Kinder schöne Gräser und Blüten von Löwenzahn und Gänseblümchen dazudekorieren.

Vogelhochzeit

Lied ab 2 Jahren

1. Ein Vogel wollte Hochzeit machen in dem grünen Walde. Fidiralala, fidiralala, fidiralalalala!

2. Die Drossel war der Bräutigam, die Amsel war die Braute.

3. Der Sperber, der Sperber, der war der Hochzeitswerber.

4. Die Lerche, die Lerche, die führt die Braut zur Kerche.

5. Der Auerhahn, der Auerhahn, der war der würd'ge Herr Kaplan.

6. Die Meise, die Meise, die sang das Kyrieleise.

7. Die Gänse und die Anten, das war'n die Musikanten.

8. Der Pfau mit seinem bunten Schwanz, der führt die Braut zum Hochzeitstanz.

9. Die Puten, die Puten, die machten breite Schnuten.

10. Frau Kratzefuß, Frau Kratzefuß gibt allen einen Abschiedskuss.

11. Brautmutter war die Eule, nahm Abschied mit Geheule.

12. Das Finkelein, das Finkelein, das führt das Paar ins Kämmerlein.

13. Der Uhuhu, der Uhuhu, der macht die Fensterläden zu.

14. Der Hahn, der krähet: „Gute Nacht!", dann wird die Kammer zugemacht.

15. Nun ist die Vogelhochzeit aus und alle zieh'n vergnügt nach Haus.

Libellentanz

Wir Libellen
hüpfen in die Kreuz und Quer,
auf den Quellen
und den Bächen hin und her.
Schwirrend schweben
wir dahin im Sonnenglanz:
Unser Leben
ist ein einz'ger Reigentanz.
Wir ernähren
uns am Strahl des Sonnenlichts
und begehren,
wünschen, hoffen weiter nichts.
Mit dem Morgen
traten wir ins Leben ein,
ohne Sorgen
schlafen wir am Abend ein.
Heute flirren
wir in Freud' und Sonnenglanz;
morgen schwirren
andre hier im Reigentanz.

Hoffmann von Fallersleben

Wunderbare Ideen

FÜR DIE

Maienzeit

Der Kuckuck und der Esel

Lied ab 2 Jahren

Der Kuckuck und der Esel,
die hatten einen Streit.
Wer wohl am besten sänge,
wer wohl am besten sänge
zur schönen Maienzeit,
zur schönen Maienzeit.

Der Kuckuck sprach: „Das kann ich!"
und fing gleich an zu schrei'n.
„Ich aber kann es besser!",
fiel gleich der Esel ein.
„Ich aber kann es besser!",
fiel gleich der Esel ein.

Das klang so schön und lieblich,
so schön von fern und nah.
Sie sangen alle beide:
„Kuckuck, kuckuck, I-Ah!"
Sie sangen alle beide:
„Kuckuck, kuckuck, I-Ah!"

Melodie: Carl Friedrich Zelter
Text: Hoffmann von Fallersleben

Walpurgisnacht und 1. Mai

Als Hexen-, Walpurgis- oder Freinacht oder einfach als „Tanz in den Mai" ist mit regionalen Unterschieden die Nacht vom 30. April auf den 1. Mai bekannt.

In der **Hexennacht** machen sich Kinder und Jugendliche einen Spaß daraus, liegen gebliebene Geräte oder Schilder „aufzuräumen" oder sich andere Streiche auszudenken. Früher galt die Hexennacht im Volksglauben als Hauptfesttag oder -nacht der Hexen, die sich dann gern auf Bergspitzen trafen und mit wilden Tänzen den Beginn der warmen Jahreszeit feierten. Entsprechendes Brauchtum findet sich vor allem noch im Harz, wo der Blocksberg oder Brocken der Haupttreffpunkt der Hexen gewesen sein soll.

Walpurgis oder Walburga war der christlichen Überlieferung nach eine Äbtissin, die im 8. Jahrhundert gelebt hat. In der Figur der Walburga oder Walpurga/Walpurgis lassen sich aber noch viele heidnische Züge finden.

Maibäume werden zu Walpurgis traditionell aus dem Wald geholt. Dazu wird zumeist eine gerade gewachsene Birke, manchmal aber auch eine Fichte oder Kiefer von Ästen und Zweigen befreit, geschält und anschließend mit Tannengrün, Bändern und Girlanden geschmückt. Der Maibaum soll wahrscheinlich an vorchristliches Brauchtum und den Weltenbaum erinnern.

Der **1. Mai** ist in Deutschland ein gesetzlicher Feiertag. Er wird aber in vielen Ländern als Internationaler Tag der Arbeiterbewegung gefeiert. Demonstrationen und Reden von Politikern sind zu diesem Anlass Tradition. Daneben gibt es aber auch eine Reihe von volkstümlichen Bräuchen, die den ersten Tag im Monat Mai mit Ausflügen feiern.

Waldmeisterbowle

Rezept ab 4 Jahren

Das brauchen Sie für 6–8 kleine Gläser

- 1 Honigmelone
- 2 ungespritzte Zitronen oder Limetten
- 4 Stängel Minze oder Zitronenmelisse
- 150 ml Waldmeistersirup
- 600 ml kalter Apfelsaft
- 400 ml kaltes Mineralwasser

Die Honigmelone in der Mitte aufschneiden, Kerne entfernen, Fruchtfleisch mit einem Kugelausstecher ausstechen und in eine Bowlenschüssel geben. Die Zitronen oder Limetten heiß abwaschen, in Scheiben schneiden und zu den Melonenkugeln geben. Die Minze oder Zitronenmelisse von den Stängeln zupfen und dazugeben. Alles mit dem Waldmeistersirup, dem Apfelsaft und dem Mineralwasser auffüllen und gut umrühren.

Die Eisheiligen

Die **Eisheiligen** heißen auch **Gestrenge Männer** oder **Eismänner** und stellen dem Namen nach eine Kaltwetterphase im Mai dar. Im Mai sind die Temperaturen in Mitteleuropa meist schon recht warm, trotzdem strömt hin und wieder kalte Polarluft zu uns, die auch im Mai noch zu Bodenfrost führen kann. Der Termin für die Eisheiligen ist nicht mehr korrekt, denn er leitet sich noch aus den Zeiten vor der Kalenderreform und der julianischen Zeitrechnung her. Darum müssten Sie zu den hier angegebenen Terminen jeweils noch etwa zehn Tage dazurechnen.

Die Eisheiligen und ihre Tage:
Mamertus: 11. Mai
Pankratius: 12. Mai
Servatius: 13. Mai
Bonifatius: 14. Mai
Sophia (die „Kalte Sophie"): 15. Mai

Im Mai
IST
Muttertag

Muttertag und Vatertag

Ab den 1920er-Jahren hat der Muttertag – damals noch „Tag der Blumenwünsche" ausgehend vom damaligen „Verband Deutscher Blumengeschäftsinhaber" – in Mitteleuropa Einzug gehalten. Seither ist der zweite Sonntag im Mai traditioneller Muttertag. Und die Väter? Für die Väter wurde der Feiertag Christi Himmelfahrt seit den 1930er-Jahren als eine Art „Herrenpartie" (daher auch der Name Herrentag) etabliert. Bereits seit dem 19. Jahrhundert bestand allerdings schon der Brauch, an Christi Himmelfahrt mit einem Wagen und alkoholischen Getränken in den Mai zu wandern.

Kindertag

Über 145 Staaten der Welt feiern einen Weltkindertag – allerdings mit oft unterschiedlichen Terminen. In vielen Ländern – darunter teilweise auch Deutschland – hat sich der 1. Juni als Internationaler Kindertag durchgesetzt. In Deutschland existiert noch ein zweites Datum am 20. September als Weltkindertag.

Eierköpfe

Gartenspaß ab 3 Jahren

Das brauchen Sie:

- rohe Eier
- Anzuchterde
- Kressesamen
- Filzstifte

Von rohen Eiern vorsichtig das obere Fünftel oder Viertel der Schale abtrennen. Sie benötigen es nicht mehr. Das Ei-Innere ausgießen und auffangen. Daraus können Pfannkuchen oder Omelettes entstehen. Das Ei kurz auswaschen und mit Anzuchterde füllen. Kressesamen einsäen, feucht halten und an einem hellen Ort in einem Eierbecher stehen lassen. Nach einigen Tagen zeigen sich schon die ersten grünen Blättchen. Das Ei kann als Kopf gestaltet werden, indem die Kinder Nase, Augen und Mund aufmalen. Die später wachsende Kresse stellt dann die Haare dar.

Der Mai

Es ist doch im April fürwahr
Der Frühling weder halb noch gar!
Komm Rosenbringer, süßer Mai.
Komm du herbei!
So weiß ich, dass es Frühling sei.

Eduard Mörike

Blütenherzen für Mama

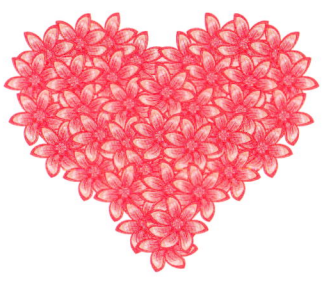

Rezept ab 4 Jahren

Das brauchen Sie für etwa 60 Herzen:

- 1 Bio-Orange (ersatzweise Orangensaft)
- 200 g Puderzucker
- 300 g Mehl
- 1 Päckchen Vanillezucker
- 1 Prise Salz
- 1 Ei
- 200 g kalte Butter
- getrocknete essbare Blütenblättchen (Bioladen)

Die Bio-Orange heiß abwaschen. Einen Teil der Schale mit einer Reibe fein abreiben: Sie benötigen etwa 1 Esslöffel. Die Orangenschale mit der Hälfte des Puderzuckers, dem Mehl, dem Vanillezucker, einer Prise Salz, einem Ei und der in Flöckchen geschnittenen Butter zu einem Mürbeteig verkneten. Den Teig etwa eine Stunde kalt stellen. Ersatzweise können Sie auch fertigen Mürbeteig aus dem Kühlregal benutzen.

Die Kinder rollen den Teig aus und stechen Herzen aus. Alle Herzen bei 200 °C im vorgeheizten Ofen ca. 10 Minuten backen und dann auskühlen lassen.

Die Orange auspressen, den Saft auffangen und zwei Esslöffel davon mit der anderen Hälfte des Puderzuckers zu einem dünnen Guss verrühren. Die Plätzchen mit dem Guss bestreichen und mit den getrockneten Blüten bestreuen. Gut trocknen lassen. In Tütchen füllen und mit einem hübschen Band zubinden. Die Kinder entwerfen nach Wunsch noch einen Anhänger aus buntem Papier dazu, auf dem ein kleiner Gruß an die Mama oder den Papa notiert werden kann.

Er ist's!

Frühling lässt sein blaues Band
Wieder flattern durch die Lüfte;
Süße, wohlbekannte Düfte
Streifen ahnungsvoll das Land.
Veilchen träumen schon,
wollen balde kommen.
Horch, von fern ein leiser Harfenton!
Frühling, ja du bist's!
Dich hab ich vernommen!

Eduard Mörike

Geschirrtücher

Malaktion ab 2 bzw. 4 Jahren

Das brauchen Sie:

- weiße Geschirrtücher ohne Aufdruck
- flüssige Textilfarben
- Textilfarbstifte
- Bügeleisen
- Filzrutscher/Filzfüßchen (zum Kleben unter Stuhlbeine)
- Kartonreste
- zarte Blättchen von der Wiese in interessanten Formen (z. B. von Kleinem Wiesenknopf, Löwenzahn usw.)

Die Geschirrhandtücher vor dem Gestalten glatt bügeln. Jedes Kind darf auf einem Handtuch mit etwas Hilfe seinen Namen notieren. Dann dürfen die Kinder nach eigenen Ideen weitergestalten, z. B. Hand- oder Fußabdrücke mit der Textilfarbe auf das Tuch drucken (jüngere Kinder). Auch möglich für ältere Kinder: Blättchen mit Textilfarbe anmalen, auf das Tuch pressen, einwirken lassen und wieder abziehen. . Alle Tücher gut trocknen lassen und nach Anweisung auf der Packung der Textilfarben waschen. Anschließend bügeln, hübsch zusammenfalten und verpacken.

Der Sommer

AB GEHT'S NACH DRAUSSEN!

… ist für viele Kinder die schönste Jahreszeit von allen. Nur jetzt kann man einfach nach draußen gehen: ohne großes Anziehen, barfuß und in T-Shirt und kurzer Hose aus der Kita in den Garten schlendern. Nie macht das Spielen im Freien so viel Spaß wie jetzt und nie locken warme Temperaturen so viele Kinder nach draußen wie im Sommer.

Der Sommer hat aber auch seine Schattenseiten. Auch in Mitteleuropa gibt es sie: die richtig heißen Sommertage. An solchen Tagen sind die Mittagsstunden in der prallen Sonne aus gesundheitlichen Gründen tabu: Nicht nur Sonne kann krank machen, auch erhöhte Ozonwerte sind gerade für Kinder gefährlich.

Bieten Sie den Kindern in der Zeit zwischen Mittagessen und etwa 15 Uhr Möglichkeiten, um drinnen oder im Schatten ruhig zu spielen oder zu ruhen. Dazu gehört, dass Sie im Außengelände und im Gruppenraum Ruheplätzchen schaffen. Das kann eine Hängematte (stabil angebracht) sein, eine Korbschaukel, die von einem Ast baumelt oder auch ein paar weiche Matten oder Matratzen, auf denen interessante Bücher ausliegen.

Denken Sie daran, dass sowohl die Kinder als auch Sie selbst ausreichend trinken. Auf den folgenden Seiten finden Sie Ideen für leckere, erfrischende Getränke, aber auch für Spiele mit und im Planschbecken, für Spiele im schattigen Garten oder Wald und für ruhigere Spiele mit Muscheln, Steinen und Sand ist gesorgt.

> Wer sich im Sommer über die Sonne freut, trägt sie im Winter im Herzen.
>
> *Rainer Haak*

Der Sommer ist gleichzeitig auch die Zeit der Ferien, Urlaube, Feste und Ausflüge: Darum finden Sie hier auch Ideen und Vorschläge für Spiele und Picknicks, die sowohl Kleinen als auch Großen gefallen. Genießen Sie mit den Kindern einen Draußen-und-drinnen-Sommer!

> Fortuna lächelt, doch sie mag nur ungern voll beglücken: Schenkt sie uns einen Sommertag, so schenkt sie uns auch Mücken.
>
> *Wilhelm Busch*

So schmeckt's

IM

Sommer

Aromawasser

Rezept ab 3 Jahren

Das brauchen Sie:

- Krüge und Karaffen
- Gläser
- frische, süße Kräuter (z. B. Pfefferminze, Krause Minze, Zitronenmelisse, Zitronenverbene, Rosmarin …)
- Limetten und Zitronen

Wasser ist natürlich das wichtigste Lebensmittel der Welt. Wasser schmeckt aber leider manchmal etwas langweilig. Peppen Sie das Wasser für die Kinder auf. Ein oder zwei Kräuterstängel im Krug sorgen bereits für einen Aromapep. Toll, wenn Sie Ihre eigenen Kräuter im Garten oder auf der Fensterbank ziehen können. Basilikum gibt es inzwischen in vielen neuen Geschmacksvarianten, von denen manche nicht zu scharf sind und für die Kinder interessant schmecken. Experimentieren Sie vor allem mit Kräutern und mit wenigen Früchten, die Insekten nicht anziehen (wie Zitrone und Limette) und verwenden Sie von ungespritzten Zitrusfrüchten beispielsweise auch die Schale (z. B. spiralförmig abgeschnitten) als aromatische Dekoration.

Gazpacho für Kinder

Rezept ab 3 Jahren

Das brauchen Sie für 8 Kinder und 1 pädagogische Fachkraft:

- 2 gelbe oder rote Paprikaschoten
- 1 Salatgurke
- 3 Dosen gehackte Tomaten
- 1 Bund frisches Basilikum (ersatzweise Oregano, Majoran oder italienische Kräuter, frisch oder getrocknet)
- ½ Teelöffel Zucker
- Salz
- Pfeffer

Paprika und Gurke waschen, putzen und in Stücke schneiden. Alle Zutaten in eine große Schüssel geben und mit dem Pürierstab pürieren. Dabei einige Blättchen Basilikum zum Verzieren zurückbehalten. Mit den Gewürzen abschmecken. Auf Teller verteilen. Mit Basilikum verzieren.

Tipp:
Schön sieht die Suppe aus, wenn Sie mit dem Milchaufschäumer etwas kalte Milch aufschäumen und ein Häubchen davon auf die Suppe geben. Dazu schmeckt geröstetes Weißbrot. Auch gekochter Reis kann am Schluss mit in die Suppe kommen.

Marmelade ohne Kochen

Rezept ab 3 Jahren

Das brauchen Sie für 4 kleine Gläser:

- 500 g Beeren (Erdbeeren, Himbeeren, Brombeeren, Johannisbeeren, pur oder gemischt, fertig verlesen und gewaschen)
- 4–8 Esslöffel Johannisbrotkernmehl
- 4–5 Esslöffel Zucker, Agavendicksaft oder Honig
- 1 Esslöffel Zitronensaft

Die Früchte mit dem Zucker oder dem Süßungsmittel Ihrer Wahl im Mixer pürieren. Vier bis fünf Esslöffel Johannisbrotkernmehl dazugeben und unterrühren. Zitronensaft dazugeben und mindestens drei Minuten mixen oder pürieren. Kurz stehen lassen: In den nächsten zehn Minuten dickt die Mischung noch weiter an. Sollte sie noch zu flüssig sein, noch einmal zwei bis drei Esslöffel Johannisbrotkernmehl unterrühren, pürieren und andicken lassen. Die Masse in sehr saubere Twist-off-Gläser geben, gut verschließen und im Kühlschrank lagern. Ungeöffnet ist die kalte Marmelade bis zu vier Wochen haltbar. Geöffnete Döschen sollten Sie innerhalb von ein bis zwei Wochen leer essen.

Rucki-zucki-Erdbeer-Bananen-Eis

Rezept ab 3 Jahren

Das brauchen Sie für 8 Kinder:

- 4 Bananen
- 400 g Erdbeeren

Die Erdbeeren putzen, Stielansätze entfernen und in Stückchen schneiden. Die Banane schälen und klein schneiden. Erdbeeren- und Bananenstücke mischen und drei Stunden in der Tiefkühltruhe gefrieren lassen. Danach herausnehmen, im Mixer pürieren und sofort servieren.

Wassermeloneneis

Rezept ab 2 Jahren

Das brauchen Sie für 8 Eisportionen:

- 400 g Wassermelonenfruchtfleisch ohne Kerne
- 100 ml Kokoswasser
- 1 Limette
- 1 Esslöffel Flüssigsüßstoff, Agavendicksaft oder Zucker

Die Limette auspressen und zusammen mit den anderen Zutaten in einen Mixer oder eine hohe Schüssel geben. Zutaten pürieren und die Masse in Eis-am-Stiel-Förmchen geben. Über Nacht gefrieren lassen.

Kokoswasser ist ein Kultgetränk aus Asien, das in der letzten Zeit auch bei uns an Beliebtheit gewonnen hat. Anders als bei der Kokosmilch handelt es sich hier um die durchsichtige Flüssigkeit im Innern von Kokosnüssen.

Sommerzeit
IST
Draußenzeit

Flip-Flop-Rennen

Bewegungsspiel ab 4 Jahren

Das brauchen Sie:

- mehrere Paare Flip-Flops aller Art in unterschiedlichen Größen
- 2 längere Seile
- Decke oder großes Tuch

Mit den Seilen markieren die Kinder eine Start- und eine Ziellinie. Die Flip-Flops deponieren sie an der Startlinie. Dabei werden alle Schuhe wild durcheinandergemischt und unter einer Decke versteckt.

Die Kinder bilden zwei Teams. Beide Teams stellen sich an der Startlinie auf. Auf ein Startsignal hin, z. B. „Auf die Flip-Flops, fertig, los!", schnappt sich der erste Spieler des Teams blind zwei Flip-Flops unter der Decke und zieht sie an. Dabei kann es sein, dass er einen sehr kleinen und einen riesigen Schuh erwischt. Mit beiden Schuhen muss er nun an die Ziellinie laufen. Dort zieht er seine Schuhe aus und wartet. Das nächste Kind des Teams ist an der Reihe, sobald sein Vorläufer die Ziellinie erreicht hat. Das Spiel ist zu Ende, wenn das erste Team komplett im Ziel ist oder wenn die Schuhe alle sind. Gewonnen hat das Team, das am meisten Mitglieder hinter die Ziellinie gebracht hat.

Hüpfschlangen

Bewegungsspiel ab 4 Jahren

Das brauchen Sie:

- Straßenkreide

Hüpfhäuschen kennen Sie bestimmt noch aus Ihrer Kindheit. Das klassische Hüpfh äuschen beginnt auf der Erde und endet im Himmel. Wie wäre es mit einem selbst ausgedachten Hüpfweg? Einfach eine Schnecke, Spirale, ein Haus oder einen Weg auf den Asphalt malen und in Felder unterteilen. Dazu können die Kinder weitere Hüpfregeln erfinden

Wäschekorbreise

Bewegungsspiel ab 4 Jahren

Das brauchen Sie:

- Wäschekörbe (ersatzweise Kartons) in Anzahl der Mitspielenden
- CD-Spieler mit lustiger Musik oder Signalinstrument (Pfeife, Gong, Trommel)

Die Kartons oder Körbe in einem großen Kreis auf der Wiese oder in der Turnhalle anordnen. Die Kinder bewegen sich zur Musik über die Wiese/durch die Halle. Dann stoppt die Musik: Jedes Kind besetzt jetzt schnell einen Korb oder einen Karton, indem es sich hineinsetzt. In der nächsten Runde wird ein Karton aus dem Spiel genommen. Wer übrig bleibt, darf jeweils das Signal geben bzw. den CD-Spieler bedienen.

Schlangenparcours

Bewegungsspiel ab 3 Jahren

Das brauchen Sie:

- mehrere lange Seile

Mit den Seilen legen die Kinder einen Schlangenparcours aus. Die Seile sollten in Kurven und Windungen liegen und sich auch ein Stückchen Hügel oder einen Stein hinauf- und hinabschlängeln und verschiedene Untergründe (Sandkasten, Wiese, Laub) miteinander verbinden. Den Schlangenparcours laufen die Kinder barfuß nach, indem sie versuchen, immer auf der Schlange zu balancieren und nicht danebenzutreten.

Tierforscher in Not

Bewegungsspiel ab 5 Jahren

Das brauchen Sie:

- 2 Bälle
- 2 zusammengerollte Decken
- lange Seile

Zwei Kinder sind Tierforscher. Sie bekommen als Gepäck jeweils einen Ball und eine Decke, die sie sich unter die Arme stopfen können. Ein rotes T-Shirt oder ein Tuch stopft sich jeder Tierforscher so in den Hosenbund, dass es etwas herausguckt. Die anderen Kinder sind Löwen. Mit den Seilen ein rechteckiges

Spielfeld mit einer Start- und einer Ziellinie abstecken. Die Löwen starten an der Startlinie und laufen, an der Ziellinie angekommen, direkt wieder zurück: immer hin und her. Jeder Tierforscher muss dieses Löwenfeld durchqueren. Zunächst muss er probieren, sein Gepäck durch die laufenden Löwen auf die andere Seite zu werfen. Dann muss er selbst einen Weg durch die Löwen finden. Gelingt es den Löwen, den Tierforschern das T-Shirt oder Tuch aus dem Hosenbund zu ziehen, werden sie selbst zu Löwen.

Falls es den Tierforschern nicht gelungen ist, ihr Gepäck auf die andere Seite zu werfen, müssen sie es im Löwenfeld suchen. Dabei müssen sie immer aufpassen, dass die Löwen ihnen nicht das rote Tuch wegziehen. Allerdings müssen auch die Löwen aufpassen: Schlägt ein Tierforscher sie ab, sind sie betäubt und müssen am Spielfeldrand warten, bis die nächste Runde beginnt. Das Spiel ist aus, wenn alle Tierforscher zu Löwen geworden sind oder wenn die Tierforscher samt Gepäck die andere Seite erreicht haben.

Wiesennachlauf

Bewegungsspiel ab 3 Jahren

Das brauchen Sie:

- Asphalt oder anderen bemalbaren Untergrund
- CD-Spieler
- Straßenkreide
- Goldnuggets oder Muggelsteine

Mit den Straßenkreiden malen die Kinder eine Wiese auf das Pflaster, d. h. grüne Halme und dazwischen etwa fußgroße Blütenköpfe in bunten Farben. Die gesamte Asphaltfläche soll bemalt werden.
Zur Musik bewegen sich die Kinder über die gemalte „Wiese". Beim Musikstopp bleibt jedes Kind genau dort stehen, wo es gerade ist, und darf sich nicht mehr bewegen. Die Kinder sehen nun nach, ob sie möglicherweise gerade auf einer Blume/einem Blütenkopf stehen. Wer so steht, erhält einen Nugget. Sieger ist, wer am Schluss die meisten Nuggets erbeutet hat.

Komm mit

INS

Draußen-Atelier

Blütenzauber

Malaktion und Experiment ab 3 Jahren

Das brauchen Sie:

- kleine quadratische Zettel von einem Zettelblock
- Buntstifte
- nach Wunsch Sticker von kleinen Tieren (Käfer, Bienen usw.)

Die Zettel einmal quer und dann noch einmal längs zu einem Quadrat falten, nun noch einmal zu einem Kuchenstück falten. Die oberen Ecken rund abschneiden und auffalten. In die Mitte der so entstandenen Blüte einen kleinen Sticker kleben oder ein Wiesentier (Heuhüpfer, Biene, Käfer) malen und die Blütenblätter zuklappen. Alle Blüten kommen zugeklappt in eine große Schale mit Wasser. Hier entfalten sich die Blätter wie durch Zauberhand, weil das Wasser die Papierwände durchdringt und streckt. Die Kinder können ein Ratespiel machen: Was verbirgt sich unter der nächsten Blüte, die sich gerade öffnet

Sandbilder

Gestaltungsaktion ab 4 Jahren

Das brauchen Sie:

- Sandkastensand
- Lebensmittelfarben
- Wasser
- Schraubgläser
- Zeitungspapier

Den Sandkastensand in verschiedene Schraubgläser füllen. Wenn sich jedes Kind Sand in drei verschiedenen Farben herstellen darf, benötigen Sie also pro Kind zwei Gläser, da der Sand ja auch schon eine Farbe hat. Zu dem Sand so viel Wasser in die Schraubgläser füllen, dass er gerade bedeckt ist. Ein oder mehrere Tropfen Lebensmittelfarbe in jedes Glas füllen. Auch möglich: Die Farben untereinander mischen, um weitere Farben zu erhalten. Fragen Sie die Kinder, welche Farben gemischt einen neuen Farbton ergeben. Sollte die Farbe im Glas zu dunkel sein, etwas mehr Wasser zugeben.

Gläser verschließen und schütteln. An einem trockenen, warmen, windfreien Platz kann der Sand nun zum Trocknen auf Zeitungs- oder Küchenpapier geschüttet werden. Der Sand muss mindestens über Nacht trocknen und darf nicht noch feucht wieder in die Gläser gefüllt werden.

Für Sandbilder bestreichen die Kinder ein Stück Pappe mit flüssigem Klebstoff. In die Deckel der Schraubgläser ein Loch bohren, sodass nicht so viel Sand auf einmal durchrieseln kann. Mit dem Sand nun farbige Muster oder Motive malen.

Tipp:
Die Sandbilder können auch durch Steinchen, Äste und weiteres Naturmaterial ergänzt werden.

Tütenschmetterlinge

Gestaltungsaktion ab 4 Jahren

Das brauchen Sie:

- viele bunte Plastiktüten
- Scheren
- bunten Chenilledraht
- Perlen

Aus den Plastiktüten schneiden die Kinder bunte Rechtecke (etwa 8 x 12 cm) aus. Die Ecken etwas abrunden. Immer zwei Rechtecke aufeinanderlegen, mit Chenilledraht zusammendrehen, sodass die Enden des Drahtes nach oben oder vorne als Fühler abstehen. Auf die Fühlerenden je eine bunte Perle stecken.

Mit den Tütenschmetterlingen können die Kinder ein Zielwerfen veranstalten und z. B. versuchen, auf bunte, auf der Wiese ausgebreitete Tücher zu werfen.

Muschelschiffchen

Gestaltungsaktion ab 3 Jahren

Das brauchen Sie:

- große, flache Muschelschalen
- etwas Knetmasse
- 1 Zahnstocher
- Bastelpapier

Die Knetmasse in die Muschel drücken. Aus dem Papier ein dreieckiges Segel reißen oder schneiden und am Zahnstocher befestigen. Zahnstocher samt Papier in der Knetmasse befestigen. Das Schiffchen kann nun lossegeln. Wie wäre es mit einer Muschelschiffchen-Wettfahrt im Planschbecken?

Spannendes
MIT
Sonne und Wasser

Sonnenuhr

Experiment ab 5 Jahren

Das brauchen Sie:

- ein ungestörtes Eckchen im Außengelände in der Sonne
- Sand (z. B. aus dem Sandkasten)
- Schaufeln
- 1 Stab, Aststück oder Stock
- mehrere kleine Stöckchen
- Zettel
- Stifte
- Uhr

Mit den Schaufeln stellen die Kinder an einer geeigneten Stelle ein trichterförmiges Loch von ungefähr 50 cm Durchmesser her. Mit nassem Sand kleiden sie die Wände aus. Den Stock in die Mitte an die tiefste Stelle stecken. Die Wände noch einmal glatt streichen und den Stock unten mit etwas Sand zum besseren Stand befestigen. Auf eine Uhr schauen und die Uhrzeit feststellen. Die Uhrzeit auf einem Zettel notieren. Den Zettel auf ein Stöckchen spießen. Das Uhrzeitstöckchen am Rand des Trichters dort einstecken, wo der Schatten vom Stab in der Mitte hinfällt. Einige Zeit später eine neue Messung machen und wieder ein Stöckchen einstecken. Und wieder einige

Zeit später wiederholen, sodass Sie einige Stöckchen anbringen können. Machen Sie das Sonnenuhrexperiment nicht genau um die Mittagszeit: Dann steht die Sonne direkt über Ihnen, sodass der Schatten nur sehr kurz ist.

Liebe Sonne, scheine wieder

Liebe Sonne, scheine wieder,
schein die düstern Wolken nieder!
Komm mit deinem goldnen Strahl
wieder über Berg und Tal!

Trockne ab auf allen Wegen
überall den alten Regen!
Liebe Sonne, lass dich seh'n,
dass wir können spielen geh'n!

Hoffmann von Fallersleben

Sonnenversuch

Das brauchen Sie:

- 1 Keramikschüssel
- Alufolie
- 1 kleine Kartoffel
- Messer
- Spießchen
- Klebestreifen

Die Keramikschüssel innen und außen mit Alufolie ummanteln. Die Kartoffel auf das Spießchen stecken. Das Spießchen mit der Kartoffel innen am Boden der Schüssel mit Alufolie und Klebestreifen befestigen. Sie können das Spießchen auch einfach hineinlegen, aber beim Aufspießen und Aufrechtstellen kann die Kartoffel später von allen Seiten garen. Die Schüssel nun mit der Öffnung nach oben in die pralle Sonne stellen, sodass die Sonnenstrahlen direkt in die Schüssel gelangen.

Nach einiger Zeit beginnt die Kartoffel zu dampfen und platzt evtl. auf. Achtung, die Kartoffel ist sehr heiß. Die Kinder können sie vorsichtig untersuchen: Sie ist durch die Hitze in der Schüssel gar und weich. Erklärung: Die Alufolie reflektiert die Sonnenstrahlen um ein Vielfaches, sodass in der Mitte der Schüssel Hitze entsteht.

Abzählreim für Wasserspiele

Ein Abzählvers zum Bestimmen, wer bei einem Spiel beginnen darf. Bitte schön:

Plitsch, Platsch,
Wasser, Matsch,
eins, zwei, drei,
du bist dabei.

Wasserbilder

Das brauchen Sie:

- 1 von der Sonne beschienene Haus- oder Kita-Wand
- leere Shampoo- und Duschgelflaschen
- 1 Wanne mit Wasser

Die Kinder füllen ihre Flaschen in der Wasserwanne. Wer kann ein Motiv auf die Wand spritzen, das die anderen Kinder erkennen können?

Am Morgen geht die Sonne auf

Am Morgen geht die Sonne auf,
als Kugel nimmt sie ihren Lauf.
(Hand zur Faust ballen und hochheben)

Mittags steht sie hoch und strahlt,
schau nur, wie sie Lichter malt.
(Faust öffnen und mit den Fingern wackeln)

Abends geht sie dann zur Ruh',
macht die Sonnenaugen zu.
(Hand wieder schließen, sinken lassen)

Nachts kannst du sie niemals seh'n,
winke ihr: auf Wiederseh'n!
(Winken)

Spritzvergnügte

Wasserspiele

Stachelqualle

Bewegungsspiel ab 2 Jahren

Das brauchen Sie:

- 1 kleinen roten, weichen Ball
- 1 Planschbecken

Der kleine rote Ball ist die Stachelqualle. Wer von ihr berührt wird, verbrennt sich und muss ins Krankenhaus (aus dem Planschbecken kommen). Die Kinder sitzen oder stehen ums Planschbecken herum und haben entweder einen Fuß oder einen Arm im Wasser. Sie müssen versuchen, durch Paddeln und Rudern oder Planschen den Ball wegzutreiben und nicht von ihm berührt zu werden.

Flatschball

Bewegungsspiel ab 2 Jahren

Das brauchen Sie:

- weiche, wasserabweisende Bälle und Bällchen

Mit Bällen, die auf der Wasseroberfläche aufkommen, kann man ganz schön heftig spritzen. Wer stellt sich freiwillig ins Planschbecken? Die anderen Kinder werfen sanft mit Bällen neben dem Kind ins Wasser, sodass das Kind nur durch die Spritzer erfrischt wird.

Fischjäger

Bewegungsspiel ab 2 Jahren

Das brauchen Sie:

- 1 Planschbecken oder 1 große Wanne mit Wasser
- viele Plastiktüten
- wischfester schwarzer Filzstift
- Scheren
- Kescher, Schöpflöffel oder Gebäckzangen

Räubern Sie mit den Kindern in der Küche, im Gartenmarkt und im Sandkasten: Suchen Sie Schöpflöffel, Gebäckzangen, Kescher aller Art zusammen. Die Gegenstände sollten keine scharfen Ecken und Kanten haben, falls Sie in einem Planschbecken auf Fischjagd gehen.
Die Plastiktaschen mehrmals falten, eine Fischform aufmalen und viele Fische ausschneiden. Die Fische im Becken oder der Wanne „schwimmen" lassen. Die Kinder können bewaffnet mit den verschiedenen Fischjagdgegenständen auf Fischfang gehen.

Variation: Auf dem Becken- oder Wannenboden können Murmeln, Muggel- und Edelsteine ausgelegt werden.

Pelikan, pass auf!

Bewegungsspiel ab 2 Jahren

Das brauchen Sie:

- Papp- oder Kartonreste
- Scheren
- Buntstifte oder flüssige Farben und Pinsel
- Schwämmchen
- Laminiergerät
- Kescher
- Wäschekorb
- nach Wunsch Glitzerpuder
- nach Wunsch Planschbecken mit Wasser

Aus den Papp- oder Kartonresten schneiden die Kinder Fische aus. Die Fische sollten höchstens handgroß sein. Aber auch eine längliche Schlange oder ein besonders fetter Fisch kann sich dazugesellen: Stimmen Sie mit den Kindern die Größe der Fische auf den Kescher ab (die Fische müssen noch hineinpassen). Schön, wenn die Kinder die Gelegenheit haben, sich in passenden Sachbüchern oder im Internet über die Artenvielfalt im Fischreich zu informieren. Auch ein Besuch in einem Aquarium bietet sich an. Die Fische bemalen die Kinder nach eigenen Ideen und den erhaltenen Inspirationen. Die Fische können auch mit Glitzerpulver (auf die noch feuchte Farbe streuen) zu Zauberfischen werden. Alle Fische mit einem Laminiergerät laminieren, sodass sie wasserunempfindlich und stabiler werden. Die Fische in einem kleinen Wäschekorb sammeln

Ein Kind, der Pelikan, stellt sich mit dem Kescher in der Kreismitte auf. Bei heißem Wetter kann der Pelikan auch im Planschbecken stehen. Die anderen Kinder werfen dem Pelikan Fische zu. Der Pelikan versucht, die Fische mit seinem Kescher aufzufangen.

In der Natur sammeln Pelikane Fische in dem hautähnlichen Sack an ihrem Schnabel, dem Schnabelsack. Das funktioniert tatsächlich so ähnlich wie in diesem Spiel, denn sie benutzen ihn manchmal wie einen Kescher.

Wasserdrachentanz

Bewegungs- und Tanzaktion ab 2 Jahren

Das brauchen Sie:

- viele bunte Plastiktüten
- Wäscheleine
- Scheren
- wisch- und wasserfeste Filzstifte
- 1 Planschbecken mit Wasser

Die Kinder zerschneiden die Plastiktüten in etwa handbreite Streifen. Immer drei Streifen binden sie an einem Ende so zusammen, dass ein Kopf entsteht, den sie mit der Wäscheleine abbinden. Hierbei können Sie den Kindern Hilfe anbieten. Den Kopf nach Wunsch mit Augen bemalen. Alle Drachen benötigen ein etwa armlanges Stück Leine als Führschnur.

Zum Drachentanz stellen sich die Kinder rund um das Planschbecken auf. Die Drachen können im Wasser schwimmen. Die Kinder überlegen sich nun einen Drachentanz, z. B. alle Drachen schwimmen im Kreis (die Kinder gehen mit ihren Drachen im Kreis um das Becken) oder alle Drachen schwimmen nach vorn (die Drachen in die Planschbeckenmitte halten) … Die Kinder entwickeln sicherlich viele Ideen. Vielleicht ergeben sich auch Drachenspiele aus dem Tanz: Alle Drachen mit Leine ins Wasser legen. Ein Kind zieht an einer Leine. Welchen Drachen (den Drachen von welchem anderen Kind) zieht es wohl gerade heraus? Wer errät es als Erster?

Spielideen in

WALD, WIESE

und für Ausflüge

Bauernhofpicknick

Rezept ab 3 Jahren

Das brauchen Sie für 8 Kinder und 2 pädagogische Fachkräfte:

- 1 Packung Schnitzel in Tierform (Tiefkühlprodukt, vegan oder mit Fleisch)
- 1 Packung Miniamerikaner (Tiefkühlprodukt)
- 1 Tütchen Studentenfutter
- 4 Möhren
- 1 Salatgurke
- 3 Paprikaschoten

Ein Picknick mit Tieren? Geht ganz schnell und lässt sich auch noch auf die letzte Minute vorbereiten: Die Schnitzel im Ofen nach Packungsanweisung backen und auskühlen lassen.

Nach Wunsch und Zeit Augen und Schnäuzchen mit Schokoschrift direkt auf die noch tiefgekühlten Amerikaner aufmalen. Nach dem Auftauen zwei Mandeln als Öhrchen in jeden Amerikaner einstecken, sodass Bauernhofmäuschen entstehen.

Möhren schälen, Gurke und Paprikaschoten waschen. Alles in daumengroße Stücke schneiden und in einer verschließbaren Schale miteinander vermischen.

Gut verpacken und zu einem Ausflug auf den Bauernhof mitnehmen.

Das passt auch noch:

Nudeln in Tierform für Kinder (z. B. aus Dinkel) gibt es in Drogeriemärkten und Bioläden. Einen Nudelsalat mit Tomaten- und Würstchenstücken daraus herstellen.

Rucksack-Checkliste fürs Ausflüge

Nützliches für pädagogische Fachkräfte

- Handy mit eingespeicherten Notrufnummern
- Notizbuch mit den Nummern der Eltern
- Handy mit App mit Plänen (mit Waldwegen, z. B. We Map)
- Pflasterset/Verbandsmaterial
- Insekten- und Zeckenspray
- Eine kleine Überraschung für die Kinder (eine Tüte Studentenfutter, Gummibärchen …)
- Kleine Plastiktüten zur Aufbewahrung von gefundenen Schätzen

Hahn und Henne

Bewegungsspiel ab 4 Jahren

Das brauchen Sie:

- eine Wiese mit vielen hohen Gräsern

Ein uraltes Kinderspiel: Nickende hohe Grashalme haben ganz oben kleine Ährchen. Wenn die Kinder mit Daumen und Zeigefinger von unten nach oben über die Ährchen schieben, bleibt oben am Grashalm einer kleiner Strauß stehen: Ist dieser Strauß flach, handelt es sich um einen Henne. Steht oben noch eine kleine Spitze ab, haben die Kinder einen Hahn.

Auf oder um den Wiesensaum herum bewegen sich die Kinder in einer ihnen angenehmen Geschwindigkeit. Auf das Kommando „Hühnerhof!" und beispielsweise „Hahn!" hin sucht sich jedes Kind einen Halm und schiebt die Ähren hoch. Wer einen Hahn geschafft hat, spielt weiter. Die anderen Kinder setzen aus. Wer am Ende übrig bleibt, ist Sieger.

Feuerteufel

Bewegungsspiel ab 3 Jahren

Grenzen Sie mit den Kindern ein Spielfeld im Wald ab, z. B. durch Umkreisen mit einem Stock. Innerhalb des Spielfeldes dürfen die Kinder Spielzeugfeuerchen aus Stöckchen, Zapfen und Zweigstücken errichten. Dafür müssen die Kinder keine Zweige von Bäumen abreißen, sondern sie können Material vom Boden aufsammeln.

Auf diese Weise sollten etwa acht „Feuerchen" entstehen. Zwischen den Feuern bewegen sich nun drei Feuerteufel. Die anderen Kinder sind Flusswesen. Sie versuchen, die Feuer der Feuerteufel zu zerstören, denn sie wollen Waldbrände verhindern. Die Feuerteufel müssen die Feuer wieder aufrichten. Dabei müssen die Flusswesen gut aufpassen, denn wenn sie von einem Feuerteufel berührt werden, verdampfen sie unter lautem Zischen (das die Kinder auch darstellen dürfen).

Die Feuerteufel haben gewonnen, wenn alle Flusswesen verdampft sind. Die Flusswesen tragen den Sieg davon, wenn alle Feuer zerstört sind, bevor sie die Feuerteufel wieder aufstellen können. Die Kinder erfinden sicherlich weitere Spielregeln dazu.

Waldbrand: Gefahr für Mensch und Natur

In südlichen Ländern richten Waldbrände jedes Jahr große Schäden an. Auch in Deutschland gibt es Waldbrände. Um den Wald zu schützen, gibt es darum Regeln: Im Wald darf man nur mit Genehmigung ein Feuer anzünden, brennende Zigaretten und Streichhölzer darf man nicht einfach auf den Boden werfen. Auch Glasscherben, Lupen oder andere Dinge, die Sonnenlicht reflektieren bzw. bündeln können und darum Brände auslösen könnten, darf man nicht herumliegen lassen.

Planschideen
FÜR
Klein und Groß

Planschbeckentheater

Mitmachgedicht ab 3 Jahren

Das brauchen Sie:

- 1 Spielzeugschiffchen, selbst gemacht oder gekauft

Passend zu den Reimen lassen die Kinder das Schiffchen durch das Planschbecken schippern. Ein Kind kann in jeder Runde der Krake sein: Es stellt den Riesentintenfisch mit einer Hand dar und führt die angegebenen Bewegungen aus, während das andere Kind das Schiff fahren lässt.

Ein Schifflein fuhr ganz leis und schön,
auf dem Meer, da kannst du's seh'n.

Das Schifflein bremst: Was ist denn das?
Ist grün und groß, acht Arme, nass!

Ein Riesenkrake lacht und schnippt
mit dem Arm, das Schifflein wippt.

Der Riesenkrake platscht herum.
Das Schifflein? Das fällt beinah um.

Der Riesenkrake dreht sich flink,
hofft, dass das Schifflein dadurch sinkt.

Von unten stupst der Krake jetzt,
das Schifflein hätt' sich fast verletzt.

Dem Kraken tun die Späße leid,
kein Schifflein gibt's mehr weit und breit.

Der Krake holt's zurück, ganz leise,
hilft ihm jetzt auf seiner Reise.

Vielen Dank, auf Wiederseh'n,
lieber Krake, kannst jetzt geh'n.

Schirmwettkampf

Bewegungsspiel ab 4 Jahren

Das brauchen Sie:

- 2 gleich große Regenschirme
- Wasserpistolen aller Art
- ausrangierte Duschgel- und Shampooflaschen
- 1 große Wanne mit Wasser
- Seile oder Kreide
- nach Wunsch Stoppuhr

Die Kinder laden vor Spielbeginn die Wasserpistolen in der Wanne auf. Auch saubere Duschgel- und Shampooflaschen können zum Einsatz kommen. Mit ihnen lässt sich sehr gut spritzen.

Immer zwei Kinder treten gegeneinander an. Ein Kind benutzt den Regenschirm, das andere Kind darf es bespritzen, bis die Flaschen oder Pistolen leer sind oder die Spielzeit (mit Stoppuhr ermitteln) abgelaufen ist. Nun wechseln die Partner die Rollen. Gewonnen hat, wer am Ende des Spiels am trockensten geblieben ist.

Kleine Wellen

Sinneserlebnis ab 3 Jahren

Das brauchen Sie:

▨ 1 Planschbecken, ersatzweise 1 Wanne oder Wäschekorb

Für dieses Spiel können sich mehrere Kinder in ein Planschbecken legen oder je ein Kind in eine Wanne oder einen Wäschekorb setzen. Die anderen Kinder sind die Wellen. Sie wiegen zuerst, dann rütteln sie und ganz am Ende dürfen sie die Kinder oder das Kind (sanft!) ausschütten. Das Planschbecken kann mit Wasser gefüllt sein, aber auch ohne Wasser macht das Spiel Spaß. Im Herbst die Behälter mit Zapfen, Kastanien etc. füllen.

Kleine Wellen schwippen, schwappen,
wiegen Fische hin und her.

Kleine Wellen schwippen, schwappen,
und es schwappt das ganze Meer.

Mittlere Wellen schwippen, schwappen,
rollen Haie durch die See.

Mittlere Wellen schwippen, schwappen,
die Haie rufen: „Oje, oje!"

Große Wellen schwippen, schwappen,
wälzen Wale durch das Meer.

Große Wellen schwippen, schwappen,
und den Walen? Gefällt das sehr!

Variation:
Als Kreisspiel stellen sich alle Kinder in einem Kreis auf und halten sich dabei an den Händen. Am Anfang schwingen die Hände sanft hin und her, später schneller und zum Schluss schwingen Arme und Beine so stark, dass der Kreis zerreißt.

Muschelkönig

Kreisspiel ab 2 Jahren

Das brauchen Sie:

▨ 1 Säckchen mit Muscheln, leeren Schneckenhäusern und schönen Steinen

Die Kinder sitzen im Kreis auf dem Boden. Vor sich in der Mitte haben sie das Säckchen ausgeleert. Ein Kind ist der Muschelkönig (oder die Muschelkönigin). Es hält das Säckchen fest.

Gemeinsam sprechen die Kinder den Reim:

Muscheln, Steine, Schnecken
woll'n wir heute wecken.
Wer holt sich eine/n ... weg,
steckt sie weg in sein Versteck.
Muscheln, Steine, Schnecken,
kannst du nicht verstecken.

Nach dem Wort „ein/e ..." in der dritten Zeile nennt der Muschelkönig das Losungswort: entweder Muschel, Schnecke oder Steinchen. Dann müssen alle Kinder so schnell sie können den passenden Schatz schnappen. Während sie die letzten beiden Zeilen aufsagen, geben alle ihre Schätze an den Muschelkönig ab. Der sammelt sie in seinem Säckchen. Zuvor prüft er, ob alle Kinder den richtigen Schatz geschnappt haben. Wenn es keine Steine oder Muscheln oder Schneckenhäuschen mehr für alle gibt, werden nach und nach Kinder ausscheiden. Das letzte Kind, das ausscheidet, ist der neue Muschelkönig.

Spiel, Sport & Kunst
FÜRS
Sommerfest

Festmosaik

Malaktion ab 3 Jahren

Das brauchen Sie:

- Acrylfarben
- Schälchen
- unterschiedliche Pinsel und Schwämmchen
- stabiles Malpapier in quadratischen, gleich großen Stücken
- 1 große Leinwand
- Klettklebepunkte
- 1 Tisch
- Zeitungspapier
- Küchenkrepp
- Stühle

Vor einem Kindergartenfest können Sie diese kleine Kunstaktion vorbereiten: Die Leinwand in einer hellen Farbe grundieren und trocknen lassen. Anschließend die Leinwand mithilfe der Klettklebepunkte mit den Malpapieren bekleben, sodass nur noch ein kleiner Rand frei bleibt, und am Rand des späteren Festgeschehens gut sichtbar für alle und regengeschützt aufstellen. Daneben den Maltisch mit Zeitungspapier belegen, die Farben in Schälchen bereitstellen, Pinsel bereitlegen und Behälter mit Wasser zum Reinigen der Pinsel vorbereiten.

Jede Familie erhält ein Malpapier, das sie bis zum Ende des Festes am Maltisch gemeinsam gestalten darf. Alle Malpapiere gut trocknen lassen. Am Ende des Festes werden alle Kunstquadrate auf der Leinwand zu einem abstrakten Kunstwerk angeordnet.

Variation:
Die Malpapiere auf der Rückseite nummerieren und in dieser Reihenfolge an die Leinwand anheften. Bemalen Sie die an der Leinwand angehefteten Papiere als große Fläche mit einem schwarzen, wischfesten Filzstift mit einem Motiv, das zu Ihrem Festmotto passt, z. B. einer Blüte, einem Fisch oder einem Tier. Die Quadrate dann abnehmen. Die Familien ziehen sich blind ein Papier und bemalen es entsprechend der Linien, die zu sehen sind, mit den Farben. Erst beim Zusammensetzen des Kunstwerks kommt später – möglicherweise – heraus, welches Motiv alle gemeinsam gestaltet haben, ohne es zu wissen.

XXL-Partnerspiel

Rätselspiel ab 3 Jahren

Das brauchen Sie:

- viele weiße Pappteller
- bunte, wischfeste Filzstifte

Die Kinder bemalen eine Seite der Pappteller mit den Stiften. Dabei bekommen immer zwei Teller das gleiche Motiv, z. B. ein Herz, eine Blume, einen Blitz usw. Bei der Ankunft erhält jede Familie einen Teller. Zu einem bestimmten Zeitpunkt auf dem Fest wird Musik eingespielt und jede Familie schickt einen Teilnehmer mit dem Teller aufs Spielfeld. Wenn die Musik endet, suchen sich die Paare und geben sich die Hand. Dann werden die Teller zurückgegeben und nach Wunsch kann eine neue Spielrunde gespielt werden.

Tipp:
Im Anschluss an das Kennenlernspiel können die Teller auf der Wiese verdeckt ausgelegt werden. Die Kinder können ein Wiesen-Memoryspiel damit spielen.

Limbo

Bewegungs- und Tanzspiel ab 4 Jahren

Das brauchen Sie:

- 1 langes Seil
- CD-Spieler
- karibische Musik oder Musik nach Geschmack der Kinder
- zwei Bäume oder Pfosten

Das Seil zwischen zwei Bäumen oder Pfosten spannen. Die Musik anstellen. Die Kinder und Festbesucher versuchen, mit nach hinten gebogenem Rücken unter dem Seil hindurchzutanzen – und sich dazu auch noch im Rhythmus der Musik zu bewegen. Das muss nicht gelingen, allein das Ausprobieren sorgt für Spaß und Lacher. Das Seil kann immer tiefer gespannt werden.

Limbo

Limbo ist ein Tanz, der seinen Ursprung in der Karibik, genauer auf den Westindischen Inseln (Trinidad) hat. Der Begriff „Limbo" kommt wahrscheinlich aus dem Englischen, wo *limber* etwa biegsam, beweglich heißt.

Schwammjäger gegen Monster

Bewegungsspiel ab 4 Jahren

Das brauchen Sie:

- braune und grüne Fingerfarbe
- Abschminktücher
- 4 Stühle
- 1 kleinen Tisch
- 10–20 Spül- und andere Schwämme
- 1 Eimer

Den kleinen Tisch aufstellen und die Spülschwämme darauf verteilen. Vier Eltern oder andere Erwachsene sind die Monster: Sie setzen sich mit dem Rücken zueinander auf die vier aufgestellten Stühle. Die Stühle stehen darum mit den Rückenlehnen zum Tisch. Ein Team von bis zu zwanzig Festteilnehmern (den Schwammjägern) bewegt sich um die Sitzgruppe herum. Ihre Aufgabe ist es, alle Spülschwämme zu ergattern und in einem Eimer zu sammeln. Erwischen die Sitzenden einen der Schwammjäger durch (sanftes) Festhalten, wird er auch zum Monster und bekommt ein paar Fingertupfer mit der Fingerfarbe ins Gesicht. Sie scheiden bis zum Spielende aus. Das Spiel ist zu Ende, wenn es den Schwammjägern gelungen ist, alle Schwämme zu erbeuten oder wenn alle Schwammjäger zu Monstern geworden sind. Das Siegerteam darf die anderen mit den in Wasser getauchten Schwämmen (sanft) bewerfen

Leckeres
FÜRS
Sommerfest

Erdbeerfisch

Rezept ab 3 Jahren

Das brauchen Sie:

- 200 g Zucker
- 6 Eier
- 250 g gemahlene Mandeln
- ½ Tasse Speisestärke
- ½ Päckchen Backpulver
- 500 g Erdbeeren
- 2 Becher Schlagsahne
- 1 Tüte Vanillezucker
- 1 Stückchen Kiwi

Den Zucker mit den Eiern schaumig rühren. Mandeln, Stärke und Backpulver mischen, dazugeben und verrühren. Auf ein mit Backpapier belegtes Backblech streichen und bei 180 °C etwa 25 Minuten goldbraun backen, auskühlen lassen.

Erdbeeren waschen und in Scheiben schneiden. Aus dem Kuchen einen Fisch ausschneiden. Teigreste dürfen genascht werden. Die Sahne mit dem Vanillezucker steif schlagen. Den Fisch mit der Sahne bestreichen. Erdbeerscheiben wie Schuppen auf den Fischkörper legen. Mit einer Kiwischeibe als Auge verzieren

Himbeerbowle

Rezept ab 3 Jahren

Das brauchen Sie für 10 bis 12 Gläser:

- 2 Beutel Malventee
- 2 Zitronen
- ½ l Apfelsaft
- 130 ml Himbeersirup
- 1 Körbchen Himbeeren
- 200 g Melonenkugeln (tiefgekühlt, ersatzweise Tiefkühlfrüchte)
- 1 Flasche Mineralwasser
- Minz- oder Melisseblättchen zum Dekorieren

Den Malventee mit etwa einer großen Tasse kochendem Wasser übergießen, 6 Minuten ziehen lassen, abkühlen lassen. In der Zwischenzeit die Zitronen auspressen. Zitronensaft und Apfelsaft in einen Bowlenbehälter oder einen großen Krug geben. Den Himbeersirup darin auflösen. Den Malventee dazugeben, dann die Melonenkugeln. Alles gut umrühren und für mindestens eine Stunde kühl stellen. Vor dem Servieren mit einer Flasche (0,7 oder 1 l) Mineralwasser auffüllen und mit den Minz- oder Melisseblättchen und den ganzen Himbeeren dekorieren.

Knusperspieße

Rezept ab 4 Jahren

Das brauchen Sie:

- Obst, z. B. Äpfel, Melonen, Erdbeeren, Trauben, Birnen, Bananen, Nektarinen
- Zitronen
- Kuvertüre (hell und dunkel)
- Cornflakes, Krokant und/oder Kokosraspel

Das Obst wenn nötig schälen, waschen und in mundgerechte Würfel schneiden. Mit Zitronensaft beträufeln. Die Kuvertüre im Wasserbad oder nach Packungsanweisung schmelzen. Obstspieße hineintunken und danach in Cornflakes, Kokosraspeln oder Krokant wälzen.

Lollibombe

Rezept ab 4 Jahren

Das brauchen Sie:

- 1 Wassermelone
- Alufolie
- viele Lollis, Lutscher und/oder Popcakes (auch möglich: Käse- oder Obstspießchen)

Die Melone halbieren, Fruchtfleisch herauslösen und würfeln. Die beiden Hälften außen mit Alufolie umwickeln und mit der Öffnung nach unten auf ein Tablett stülpen. Lutscher, Popcakes oder Spießchen hineinstecken, Melonenstücke auf Spießchen stecken und ebenfalls einstecken oder drumherum anrichten.

Partydrink Grünes Wunder

Rezept ab 4 Jahren

Das brauchen Sie für 12 bis 15 Drinks:

- Orangenscheiben
- bunten Zucker
- Eiswürfel
- 1 Fläschchen alkoholfreien Blue Curaçao (Orangenlikör, Supermarkt)
- 2 l Orangensaft
- nach Geschmack 0,7 l Mineralwasser

Die Kinder bereiten die Drinkgläser vor, indem sie den Rand mit einem Stück Orange einreiben und sie dann in den bunten Zucker tunken. Orangenscheiben am Rand einschneiden und auf den Glasrand klemmen.

In einen durchsichtigen Krug Eiswürfel geben. Etwa zwei Fingerbreit alkoholfreien Blue Curaçao dazugeben. Nun den Orangensaft dazugießen und staunen, wie sich die Farben vermischen: Es entsteht eine giftgrüne Sommerbowle, die Sie nach Geschmack noch mit etwas Mineralwasser verdünnen können.

Lagerfeuerideen
FÜR
Kita-Kids

Stockbrot mit Dips

Rezept ab 4 Jahren

Das brauchen Sie für 12 Portionen Stockbrot:

- 560 g Mehl
- 1 Päckchen Trockenhefe
- ½ Teelöffel Meersalz oder Kräutersalz
- 2 Esslöffel Öl
- 400 ml lauwarmes Wasser
- ½ Esslöffel braunen Zucker

Alle trockenen Zutaten miteinander in einer großen Schüssel vermischen, Öl und Wasser dazugeben und zuerst mit den Knethaken des Handrührgeräts, dann mit den Händen zu einem Teig kneten. Den Teig 20 Minuten gehen lassen.

Stöcke zunächst mit Alufolie umwickeln, dann mit etwas Öl bepinseln. Vom Teig etwa kinderfaustgroße Stücke abnehmen, um die Folie wickeln und 10 bis 15 Minuten unter Wenden über dem Feuer grillen.

Das brauchen Sie für 3 verschiedene Dips:

- 400 g Magerjoghurt
- 150 g Salatcreme
- etwas Zitronensaft
- Salz
- Pfeffer
- 1 rote Paprika
- 2 Esslöffel Ketchup
- ½ Teelöffel süßes Paprikapulver
- 5 Gewürzgürkchen
- etwas Schnittlauch oder Dill

Joghurt, Salatcreme und Zitronensaft verrühren, mit Salz und Pfeffer abschmecken und auf drei Schälchen verteilen. Ein Schälchen darf etwas mehr bekommen und bleibt, wie es ist. Paprika würfeln und ins zweite Schälchen geben. Ketchup und Paprikapulver dazugeben und gut verrühren. Gewürzgürkchen klein schneiden und mit den gehackten Kräutern ins dritte Schälchen geben.

Lagerfeuer

Es knastert und knistert,
es knackt und es flüstert.

Flammen züngeln, Funken sprühen,
Blitze lodern, Augen glühen.

Es wärmt und malt Gesichter an,
gemütlich ist es, am Feuer dran.

Lena Buchmann

Süßes Stockbrot

Rezept ab 4 Jahren

Das brauchen Sie für ca. 20 bis 30 Portionen Stockbrot:

- 3 kg Mehl (evtl. etwas mehr)
- 600 g Zucker
- 3 Tütchen Vanillezucker
- 500 g Margarine
- 100 ml Öl
- 500 g Magerquark
- 1 l Milch
- ½ l Buttermilch
- 3 Würfel Hefe oder 3 Tütchen Trockenhefe

Alle Zutaten sollten Zimmertemperatur haben. Die Zutaten mit dem Knethaken des Rührgerätes vermengen, dann mit den Händen weiterkneten. Den Teig für zwei bis drei Stunden an einem warmen Platz gehen lassen. Kleine Kugeln abteilen und um Stöcke wickeln. Wie Stockbrot grillen.

Tipp:
Falls der Teig nicht fest genug sein sollte, noch etwas mehr Mehl hinzugeben. Aber auch Kokosflocken, gemahlene oder gehackte Mandeln oder Nüsse, Rosinen oder klein gehacktes Trockenobst passen in den Teig.

Auch am Martinsfeuer schmeckt Stockbrot. Dann geben Sie vielleicht 1 Tütchen Lebkuchengewürz und etwas Zimt in den Teig.

Apfelkuchen vom Feuer

Rezept ab 4 Jahren

Das brauchen Sie:

- pro Kind 1 kleinen Apfel
- 1 Packung Fertigkuchenmischung für Rührkuchen (z. B. für Zitronenkuchen)
- etwas Zimt
- Alufolie

Die Äpfel entkernen und in Stücke schneiden. Jedes Kind legt seine Apfelstücke in ein großes Stück Alufolie, gibt nach Wunsch etwas Zimtpulver dazu und streut etwas von der trockenen Fertigkuchenmischung darauf. Die Alufolie so zusammenlegen, dass das Innere geschützt ist, aber noch etwas Luft bleibt. Die Apfelkuchen für etwa 30 Minuten in die Glut legen. Der Saft vom Apfel vermischt sich mit der Backmischung, sodass für jedes Kind ein eigener kleiner Apfelkuchen entsteht.

Schoko-Feuerbananen

Rezept ab 4 Jahren

Das brauchen Sie:

- pro Kind 1 Banane
- Schokoladentäfelchen
- Alufolie

Die Banane nicht schälen und die Schale der Länge nach mehrmals mit einem Messer einritzen. Die Schokotäfelchen in die Ritzen stecken. Alles mit Alufolie umwickeln und am Rand des Feuers einige Minuten in die Glut legen, sodass die Schokolade schmilzt. Schale vor dem Essen entfernen!

Sommerspiele

FÜR DIE

Sinne

Auge um Auge

Aufpassspiel ab 5 Jahren

Das brauchen Sie:

- viele bunte Kunststoffdrehverschlüsse von PET-Flaschen
- Wackelaugen oder wasserfeste weiße Flüssigfarbe und schwarzen, wasserfesten Filzstift
- evtl. Klebstoff
- 1 kleine Plastikschüssel

Die Kunststoffverschlüsse auf der Rückseite mit einem Auge bekleben oder bemalen. Trocknen lassen. Alle Verschlüsse an die Kinder verteilen. Die Plastikschüssel mit der Öffnung nach unten auf den Boden legen. Die Kinder nehmen im Sitzkreis um die Schüssel herum Platz. Wer schafft es, seine Augen ganz nah an die Schüssel zu schlittern oder zu werfen? Die Kinder können die Verschlüsse auch nach Farben unter sich aufteilen, sodass sie genau wissen, welches Auge von welchem Kind geworfen wurde. Dann können auch Punkte vergeben werden: Jedes Auge, das die Schüssel berührt, bringt dem Spieler einen Punkt.

Variation:
Die Kinder können die Schüssel auch umdrehen und versuchen, in die Schüssel zu treffen. Die Augen schwimmen auch auf dem Wasser (z. B. im Planschbecken). Die Kinder können alle Augen schwimmen lassen. Dann können die Kinder ein Spiel mit viel Geplansche spielen: Wer ergattert die meisten Augen/Verschlüsse durch Herausfischen mit den Händen innerhalb einer bestimmten Zeit?

Duftwiese

Sinneserlebnis ab 4 Jahren

Das brauchen Sie:

- eine Wiese mit Blumen/Blütenpflanzen
- Filmdöschen (ersatzweise leere, verschließbare Röhrchen von Vitamintabletten oder mit Papier umklebte kleine Schraubgläser)
- Klebeetiketten
- Stifte

Die Kinder tragen einzelne Blüten aus der Wiese zusammen. Im Sitzkreis beschnuppern sie die Blüten. Sind welche darunter, die besonders intensiv duften und deren Duft man wiedererkennen könnte (häufig und intensiv duftend sind z. B. Ackerminze oder Wiesensalbei)? Diese Blüten oder Blätter wandern nach Herkunftspflanze getrennt in die Filmdöschen. Die Kinder beschriften mithilfe der pädagogischen Fachkraft die Klebeetiketten und kleben sie auf den Filmdöschen korrekt auf. Im Anschluss können die Kinder mit den Filmdöschen ein Riechmemory-Spiel starten.

Erdekugeln

Gestaltungsaktion ab 5 Jahren

Das brauchen Sie:

- Sandkastenschaufeln
- Spaten
- Tabletts
- Kunststofftüten
- Klebeetiketten

Graben Sie auf Spaziergängen im Wald, auf einer Wiese, im Außengelände, im Sandkasten usw. jeweils etwas Erde/Sand aus. Die Erdeproben in kleine Plastiktüten geben und mit Etiketten versehen, auf denen die Kinder mit Ihrer Hilfe den Fundort notieren. Aus der Erde mit etwas Wasser runde Kugeln formen und auf Tabletts ausstellen. Staunenswert: Erdesorten können sehr unterschiedlich aussehen. Bei uns sind je nach Region Lehm- oder auch Sandböden häufig.

Variation:
Etwas Kleister anrühren und mit unter die Erde rühren. So halten die Erdekugeln länger.

Auf der Blumenwiese

Mitmachgedicht ab 2 Jahren

Hör mal, wie der Grashüpfer springt,
hör nur, wie die Grille singt.
(Wie ein Grashüpfer springen, wie eine Grille zirpen)

Hör mal, wie die Biene summt,
hör mal, wie die Welt verstummt!
(Wie eine Biene fliegen und summen, dann still stehen bleiben, den Finger an den Mund legen)

Ein Traktor rattert, wumm, wumm, wumm,
auf der Blumenwiese rum.
(„Wummmm!" rufen und das Traktorfahren nachmachen, das Traktorgeräusch wird zum Schluss immer leiser, bis es einen Moment ganz still ist. Den Finger an den Mund legen.)

Ein Schmetterling, ganz zart und leise,
beginnt schon wieder seine Reise.
(Ganz leise umherflattern und winken)

Mach's gut!

Würfelspießchen

Schlemmerspiel ab 4 Jahren

Das brauchen Sie:

- blaue Weintrauben (oder anderes blaues Obst)
- grüne Weintrauben (oder anderes grünes Obst)
- Erdbeeren oder Himbeeren (oder ein anderes rotes Obst)
- 1 Zuckermelone (oder ein anderes gelbes Obst)
- 1 Farbenwürfel
- Schaschlikspießchen
- 1 Tablett
- 2 Tafeln Vollmilchschokolade

Die Weintrauben und Erdbeeren waschen und einzeln auf das Tablett legen. Die Melone von den Kernen und der Schale befreien und in Stücke schneiden und ebenfalls auf dem Tablett anrichten.
Jedes Kind nimmt sich einen Schaschlikspieß. Nun wird reihum gewürfelt: Wer „Grün" würfelt, darf sich eine grüne Weintraube auf seinen Spieß stecken, bei „Blau" eine blaue Weintraube usw. Wird weiß gewürfelt, muss der Spieler aussetzen. Bei Schwarz darf sich der Spieler eine Frucht seiner Wahl aussuchen. Die Kinder können für die beiden unbunten Farben (oder je nach Farben auf dem Würfel) auch andere Spielregeln überlegen. Die Schokolade im Wasserbad schmelzen und etwas abkühlen lassen. Die Spieler dürfen ihre Fruchtspieße nach Wunsch hineintunken. Etwas abkühlen lassen, dann gemeinsam schlemmen.

Der Herbst

DIE SCHÖNSTE ZEIT IM KITA-JAHR

Die Herbstzeit in der Kita ist oft besonders spannend für die Kinder: Das neue Kita-Jahr beginnt mit dem allmählichen Abschied vom Sommer. Vielleicht sind die Gruppen anders zusammengestellt und es gibt viele neue Kinder zu begrüßen. Die Wärme des Sommers weicht den frischen, kühlen Herbsttagen. In der Natur tut sich jetzt viel: Wunderbare Herbstfrüchte wie Äpfel, Birnen und Haselnüsse warten auf hungrige Esser. Andere Baumfrüchte wie Kastanien, Eicheln und Bucheckern können eingesammelt und als Spiel- und Gestaltungsmaterial weiterverwendet werden.

Der Herbst ist auch die Zeit der Feste. Nach der Erntezeit stehen möglicherweise Erntedankfeste und Gottesdienste an, bei denen die Kinder erfahren können, dass Nahrung nichts Selbstverständliches ist. Halloween wartet mit gruseliger Geisterspannung auf die Kinder, die das Fest stark und selbstbewusst erleben und Verkleidungen, Rollenspiele und das kleine Fünkchen Angst bewusst genießen können. Sankt Martin schließt sich am Ende des Herbstes an und läutet den Winter ein.
Gerade in der Periode zwischen Herbst und Winter können die Kinder viel Gemütlichkeit, Geborgenheit und Wärme erfahren. Jetzt ist die Zeit für gemeinsames Backen, warme Getränke, Drinnenspiele und Gestaltungsaktionen.

Der Herbst hat so viel zu bieten, dass er für viele Kinder die schönste Jahreszeit ist. Mit den Ideen auf den nächsten Seiten, die alle oben erwähnten Herbstfeste mitbedenken, haben Sie Ihr kleines „Herbst-Knowhow" direkt zur Hand und sind für jedes Herbstwetter gerüstet.

Septembermorgen

Im Nebel ruhet noch die Welt,
Noch träumen Wald und Wiesen:
Bald siehst du, wenn der Schleier fällt,
Den blauen Himmel unverstellt,
Herbstkräftig die gedämpfte Welt
In warmem Golde fließen.

Eduard Mörike

Der Schnupfen

Ein Schnupfen hockt auf der Terrasse,
auf dass er sich ein Opfer fasse
und stürzt alsbald mit großem Grimm
auf einen Menschen namens Schrimm.
Paul Schrimm erwidert prompt: „Pitschü!"
und hat ihn drauf bis Montag früh.

Christian Morgenstern

Herbst ist Erntezeit:
DANKE FÜR
all die guten Dinge

Blumentopfkuchen

Rezept ab 4 Jahren

Das brauchen Sie:

- 1 großen Blumentopf ohne Loch (aus Ton/Terrakotta)
- 200 g Butter (und etwas mehr zum Einfetten)
- 5 Eier
- 1 Päckchen Vanillezucker
- 250 g Zucker (ersatzweise die gleiche Menge Traubenzucker/Fruchtzucker)
- 250 g Mehl
- 1 Päckchen Backpulver
- Schokoguss
- 1 Dekostab (ersatzweise Laternenstab oder festen Blumendraht)
- gelbes, braunes und grünes Tonpapier
- Schere
- Bleistift
- Klebstoff
- Klebestreifen
- evtl. grüne Flüssigfarbe und Pinsel

Den Blumentopf reinigen und kurz in kochendes Wasser stellen. Abtropfen lassen und anschließend mit Butter einfetten. Im Backofen bei 250 °C etwa eine halbe Stunde erhitzen.

In der Zwischenzeit Eier, Butter, Vanillezucker und Zucker mit dem Handrührgerät verrühren. Mehl mit Backpulver mischen und dazugeben. Verrühren, bis ein glatter Teig entstanden ist. Den Teig in den gefetteten Topf füllen und bei 250 °C etwa 60 Minuten backen. Auskühlen lassen und im Topf mit dem Schokoguss überziehen.

Aus dem farbigen Tonpapier eine Sonnenblumenblüte (oder andere Herbstblumenblüte) gestalten. Den Stab falls nötig grün anmalen, Blüte daran befestigen. Nach Wunsch zusätzlich Blätter herstellen und ebenfalls am Stiel befestigen. Blüte mit Stiel in den Kuchen stecken. Eine schöne Dekoration für Büfetts und Festtagstische.

Erntezeitspiel

Kreisspiel ab 4 Jahren

Das brauchen Sie:

- CD-Spieler mit Musik

Zur Musik tanzen alle Kinder durch den Raum. Beim Musikstopp rufen Sie als Spielleiter oder ein vorher ausgewähltes Kind einen Oberbegriff in die Runde, z. B.: „Getreide!" Die Kinder müssen nun ganz schnell ein Getreide rufen, z. B. „Weizen". In der nächsten Runde rufen Sie: „Obst!" Die Kinder rufen nun ein Obst in die Runde, z. B. „Melone". Auch Gemüse können Sie ausrufen. Aber Achtung: Hin und wieder schummeln

Sie einen falschen und nicht zur Erntezeit passenden Oberbegriff unter die Kommandos, beispielsweise „Körperteil!" oder „Lieblingstier!".
Dann müssen die Kinder sofort den Fehlerreim rufen:
„Eins, zwei, drei, mit Ach und Weh,
hier war am Werk die Fehler-Fee!"

Erntedank in Obst- und Gemüseschrift

Malspiel ab 5 Jahren

Das brauchen Sie:

- 1 großen Bogen Malpapier
- Buntstifte

Eine Geheimschrift mit Obst und Gemüse? Die Kinder überlegen sich für jeden Buchstaben im Wort eine Frucht oder ein Gemüse und malen es auf dem Poster/Malbogen neben dem entsprechenden Anfangsbuchstaben auf. Das Poster kann als Dekoration bei einem Erntedankgottesdienst verwendet werden, es erfreut aber auch die Augen der Gäste und Besucher im Eingangsbereich der Kita.

E	Erbsen
R	Radieschen
N	Nüsse
T	Tomaten
E	Erbsen
D	Datteln
A	Apfel
N	Nüsse
K	Kürbis

Welche Worte kann man noch in Gemüse- oder Obstschrift schreiben? Den eigenen Namen? Den Namen der Kindergartengruppe?

Die Maus hat Hunger

Kreisspiel ab 3 Jahren

Das brauchen Sie:

- Getreidekörner oder Nüsse

Ein Kind wird kurz vor die Tür geschickt. Die anderen Kinder teilen drei oder vier Getreidekörner oder kleine Nüsse unter sich auf. Alle Kinder legen die Fäuste auf den Tisch. Die drei oder vier Kinder mit den Körnern oder Nüssen sollen ihre Fäuste möglichst so halten, dass das Mäuschen vor der Tür später nicht erkennen kann, dass sie etwas darin verborgen halten. Das Mäuschen lässt es seine Hand über die Fäuste der Kinder wandern. Gemeinsam wird dazu folgender Reim gesprochen, bei dem die Fäuste abgezählt werden:

Eine kleine Schnuppermaus
kommt neugierig aus ihrem Haus.

Ein paar Körnchen möcht' ich fressen,
zum Mittag- und zum Abendessen.

Ich glaub', sie sind gleich hier versteckt,
wo's mir am allerbesten … schmeckt!

Die Faust, bei der das Mäuschen beim Wort „schmeckt!" angelangt ist, muss sich untersuchen lassen. Liegt ein Körnchen oder eine Nuss darin, ist dieses Kind die nächste Maus.

Wenn Schätze
VON DEN
Bäumen fallen

Hagebuttenherz

Gestaltungsaktion ab 5 Jahren

Das brauchen Sie:

- Basteldraht
- Zange oder Schere
- Hagebutten
- Schnur

Die Hagebutten auf den Draht auffädeln. Die so entstandene Kette an den Enden verschließen. Dabei ein Stückchen Schnur als Aufhängung anbringen. Die Kette nun in Herzform biegen.

Das Samenkorn

Ein Samenkorn lag auf dem Rücken,
die Amsel wollte es zerpicken.
Aus Mitleid hat sie es verschont
und wurde dafür reich belohnt.
Das Korn, das auf der Erde lag,
das wuchs und wuchs von Tag zu Tag.
Jetzt ist es schon ein hoher Baum
und trägt ein Nest aus weichem Flaum.
Die Amsel hat das Nest erbaut;
dort sitzt sie nun und zwitschert laut.

Joachim Ringelnatz

Herbstfrüchte-Mathe

Zählspiel ab 4 Jahren

Das brauchen Sie:

- Hagebutten
- Eicheln
- Kastanien
- Nüsse
- Tablett oder buntes Malpapier
- 1 Bleistift

Auf das Tablett legen Sie die Herbstfrüchte in einer bestimmten Reihenfolge aus, z.B. zwei Kastanien, eine Eichel, drei Hagebutten, zwei Kastanien … Wissen die Kinder, was man als Nächstes hinlegen müsste (eine Eichel)? Die Kinder können sich auch gegenseitig solche Rätselreihen legen und sie jeweils logisch weiterlegen.

Andere Aufgabe: Mit dem Bleistift das Tablett oder das Malpapier in zwei Hälften teilen. In die eine Hälfte eine Anzahl Früchte legen, z. B. drei Nüsse, eine Kastanie, zwei Hagebutten, fünf Eicheln. Die Kinder sollen die gleichen Anzahlen von jeder Frucht in die andere Hälfte legen.

Kastanienboule

Bewegungsspiel ab 3 Jahren

Das brauchen Sie:

- viele Kastanien
- Fingerfarben
- evtl. einen Golf- oder Tischtennisball oder Flummi

Die Kastanien mit den Fingerfarben so bemalen, dass immer zwei Kastanien mit der gleichen Farbe einen oder zwei Fingerspitzentipser bekommen. Eine besonders kleine Kastanie bekommt keine Farbe. Die bemalten Kastanien gut trocknen lassen.

Die Kinder können nun nach den Bouleregeln oder nach eigenen Regeln spielen: Die kleine Kastanie wird auf ein Spielfeld, z. B. glatt geklopften Sand im Sandkasten, gerollt. Jeder Spieler erhält zwei Kastanien. Reihum versuchen die Kinder, mit je einer Kastanie möglichst nah an die kleine Kastanie heranzutreffen. Dazu dürfen sie ihre Kastanie jeweils werfen, rollen, kullern lassen. Wer am nächsten an der kleinen Kastanie liegt, ist Sieger. Es ist auch erlaubt, gegnerische Kastanien von der kleinen Kastanie durch gezieltes Werfen oder Schießen wegzuschießen. Statt einer kleinen Kastanie können Sie auch einen Flummi, Golf- oder Tischtennisball verwenden.

Herbstpinsel

Mal- und Gestaltungsaktion ab 4 Jahren

Das brauchen Sie:

- nasse, frische Zweigstückchen von Weide oder Buche
- weitere Stöckchen und Zweigstücke
- Kordel
- Scheren
- Messer und Sägen (für die Erwachsenen)
- lange Nadelbaumnadeln (z. B. von Schwarzkiefern)
- Malpapier
- Flüssigfarben

Nach einem regnerischen und stürmischen Tag können Sie im Wald oder Park auf Schatzsuche gehen: Die Kinder suchen sich hier vor allem vom Wind abgerissene Ast- und Zweigstücke und einige Kiefernnadeln.
Zurück in der Einrichtung schneidet oder sägt ein Erwachsener oder die pädagogische Fachkraft alle Zweige auf Stücke von einer Länge von etwa 20 cm. Vom oberen Teil dieser Stücke entfernen die Kinder die Rinde und zerfasern das Ende, sodass es absteht wie ein Pinsel.

Eine andere Möglichkeit, Pinsel herzustellen, ist, die Nadeln bauschig an einem Stückchen Zweig festzubinden. Gut mit Kordel umwickeln, damit sich nichts lösen kann.
Mit diesen Pinseln entstehen auf Malpapier ganz besondere Muster.

Fühlbäder

Sinneserlebnis ab 4 Jahren

Das brauchen Sie:

- viele Zapfen, Kastanien (ohne Schale), Eicheln
- kleines Planschbecken, Wannen, Eimer

Füllen Sie Planschbecken, Wannen, stabile Körbe oder große Eimer mit Herbstmaterialien wie Zapfen und Rosskastanien, Eicheln usw. Achten Sie darauf, dass keine spitzen Schalen oder Schalenstücke mit in die Behälter kommen. Die Kinder können nun ein Herbstbad nehmen und sich je nach Größe des Behälters hineinlegen, -setzen oder eine Hand, einen Fuß, einen Arm im Fühlbad versenken. Ein herrlicher Fühlspaß!

Gestalten & Dekorieren
MIT DEM
Herbst

Herbstbild

Mal- und Gestaltungsaktion ab 4 Jahren

Das brauchen Sie:

- Zweigstücke
- Bast oder Bastelband
- Wasser- oder Acrylfarben in Grau und Grün
- Pinsel
- Herbstblätter

Die Kinder gestalten mit den Farben eine Wiese und einen grauen Herbsthimmel. Die Zweige mit dem Bast zu einem Hexenbesen zusammenbinden. Die Blätter auf das Malblatt kleben und den Besen so dazu aufkleben, als würde er sie zusammenfegen. Die Kinder können nach eigenen Ideen weitere Details dazumalen.

Stacheligel

Mal- und Gestaltungsaktion ab 3 Jahren

Das brauchen Sie:

- 1 Pappteller
- Bucheckernhülsen und/oder Herbstlaub
- Klebstoff
- Farben und Pinsel

- 1 Haselnuss mit Schale
- schwarzen Filzstift oder 1 schwarzer Knopf

Den Pappteller in der Mitte durchschneiden und mit brauner Farbe auf einer Seite bemalen. Trocknen lassen. Den runden Tellerrand zackenförmig einschneiden. Mit dem Filzstift ein Igelauge aufmalen oder als Auge einen schwarzen Knopf aufkleben. Als Igelstachelfell die Bucheckernhülsen oder zackenförmige Herbstblätter aufkleben. Alles gut trocknen lassen.

Drachenbilder

Mal- und Gestaltungsaktion ab 4 Jahren

Das brauchen Sie:

- viele Eisstiele
- Stöckchen und Zweigstückchen
- Malpapier in Hellblau
- Moos, Heu oder Gras
- Klebstoff
- Herbstblume oder Grashalm mit Ähren
- Tonkarton in bunten Farben
- 1 Stückchen Schnur
- Filzstifte
- Watte

Mit den Eisstielen einen Zaun auf das blaue Malpapier kleben. Den Boden unter dem Zaun mit Moos, Heu und/oder Gras gestalten. Aus dem Tonkarton einen rautenförmigen Winddrachen ausschneiden und mit den Stöckchen bekleben. Dem Drachen ein Gesicht malen und ein Stück Schnur am unteren Drachenende ankleben. Den Drachen auf den Zaun kleben. Nach Wunsch gestalten die Kinder außerdem Wolken aus weißen Wattestücken. Am Zaun können auch Blumen (Blüten oder Ähren aufkleben) wachsen.

Herbstkrone

Mal- und Gestaltungsaktion ab 2 Jahren

Das brauchen Sie:

- Pappe oder biegsamen Karton (ersatzweise Filz)
- Scheren
- Klebstoff
- Klettklebeband
- getrocknete und gepresste Laubblätter
- Eicheln, Bucheckern, Kastanien, Hagebutten oder andere Herbstfrüchte

Einen etwa 15 cm breiten Streifen Pappe oder Filz um den Kopf probelegen und mit etwas Überstand zuschneiden. Klettklebeband so anbringen, dass der Streifen bequem um den Kopf passt. Jedes Kind darf auf dem Streifen seinen Namen notieren, damit später keine Verwechslungen entstehen. Streifen umdrehen und die Außenseite gestalten. Zunächst können die Kinder ihre Krone zackig einschneiden. Anschließend bekleben sie alles mit Blättern und Herbstfrüchten. Die Herbstkronen eignen sich gut als Kopfschmuck bei herbstlichen Tänzen oder kleinen Aufführungen – oder für Rollenspiele: Hier haben die Kinder sicherlich selbst viele Ideen.

Herbsteule

Mal- und Gestaltungsaktion ab 3 Jahren

Das brauchen Sie pro Eule:

- 1 leere Toilettenpapierrolle
- braune Finger- oder Acrylfarbe
- Tonkartonreste in Orange und Braun
- 2 kleine Knöpfe oder Wackelaugen
- etwas Watte

Die Rolle hochkant aufstellen und in der Mitte von oben herabdrücken, sodass zwei „Ohren" entstehen. Alles braun anmalen und trocknen lassen. Auf die Ohren einen Tropfen Klebstoff geben und etwas Watte ankleben. Einen Schnabel aus orangefarbenem Tonpapier oder Tonkarton ausschneiden und aufkleben. Augen aus Knöpfen oder Wackelaugen gestalten. Zwei Flügel aus Tonpapier ausschneiden und seitlich ankleben.

Regen-und-Wind-Bilder

Malaktion ab 2 Jahren

Das brauchen Sie:

- stabiles Malpapier
- Wasser-, Gouache-, Aquarell- oder Acrylfarben
- Pinsel
- Steine

Mit den Pinseln klecksen die Kinder die verflüssigten Farben auf Malpapierbogen. Alle Klecksbilder werden im Außengelände auf einer freien Fläche ausgelegt und mit Steinen beschwert. Regen und Wind dürfen dann die Bilder fertig malen. Alle Bilder gut trocknen lassen. Vor dem Auslegen in der Natur können die Kinder ihre Bilder mit ihrem Namen beschriften.

Spiele
FÜR DIE
Drinnenzeit

Mühle im Beutel

Mathespiel ab 6 Jahren

Das brauchen Sie:

- 1 rundes Stück braunen Stoff (z. B. Filz oder Kunstleder)
- Schere
- dicke Kordel
- wisch- und wasserfesten Filzstift
- 9 Kastanien
- 9 Eicheln

Den Stoff kreisförmig zuschneiden. Der Durchmesser sollte mindestens 20 bis 30 cm betragen. Den Kreis an acht sich gegenüberliegenden Stellen etwas einschneiden und die Kanten abrunden, sodass eine ungefähre Blumenform entsteht. An den Blumenblattspitzen je zwei Löcher anbringen, die Schnur hindurchziehen, sodass ein Beutel entsteht.
Zum Aufmalen des Spielfelds den Beutel wieder gerade auslegen und auf die Innenseite mit den Filzstiften ein rundes Mühlespielfeld zeichnen. Trocknen lassen. Eicheln und Kastanien einfüllen und schon können die Kinder ihr Mühlespiel überallhin mitnehmen.

Danke, lieber Herbst!

Äpfel pflücken, Zwetschgen schlemmen,
schöne Blätter in dicke Bücher klemmen.

Mit Kastanien spielen und Laterne laufen,
mit Drachen spielen und Kürbisse kaufen.

Im Nebel versinken und Geister jagen,
für die schöne Zeit auch mal „Danke!" sagen.

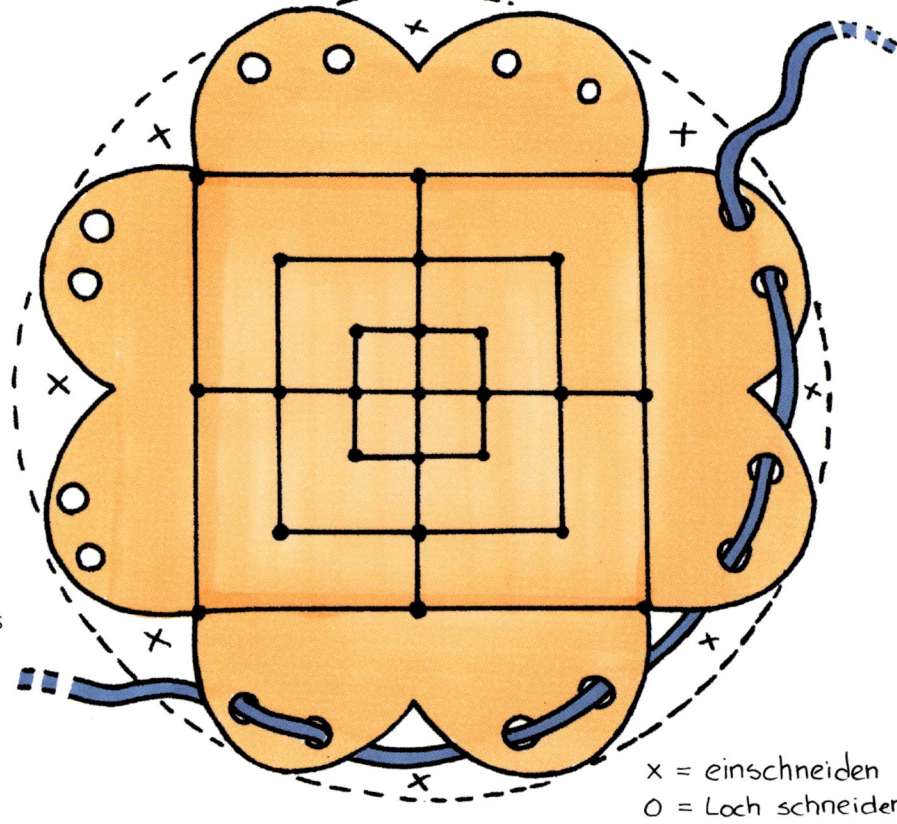

x = einschneiden
O = Loch schneiden

Puzzleblätter

Mathespiel ab 3 Jahren

Das brauchen Sie:

- schöne große Herbstblätter (z. B. von Platane, Ahorn, Roteiche usw.)
- Blätterpresse oder dicke Bücher
- Laminiergerät
- Schere
- Schachtel zum Aufbewahren

Die Herbstblätter wenn nötig in einer Presse oder zwischen dicken Büchern pressen, bis sie ganz eben sind. Blätter nun laminieren. Die Kinder schneiden die Blätter in zwei gleiche Hälften. Fertig ist ihr Herbstpuzzle: Können die Kinder es richtig wieder zusammensetzen? Bewahren Sie die Blätter in einer schönen Schachtel auf, sodass die Kinder das Puzzle immer wieder neu nutzen können.

Ein Igel mit Hunger

Klatschspiel ab 2 Jahren

Ein Igel mit Hunger, der sitzt und der seufzt:
„Ob wohl was Leck'res durchs Herbstlaub läuft?"
(Im Sitzkreis mit den Händen im Rhythmus der Verse auf die Oberschenkel patschen. Zur letzten Zeile die Hand vor die Augen halten und gucken.)

Da kriecht eine Schnecke, saftig und fein,
das könnte ein leckeres Frühstückchen sein.
(Im Takt patschen und anschließend die Hände reiben)

Der Igel tapst schnell und geschwind herbei,
will sie schnappen, doch was ist denn das, ohwei?
(Im Takt patschen und am Ende die Hand vor den Mund halten und „Ohwei!" rufen)

Ein Apfel mit grünen und roten Flecken
fällt runter vom Baum, bleibt im Igelfell stecken.
(Patschen und „Rummms!" rufen)

Die Schnecke muss lachen, kriecht eilig vorbei.
Der Igel? Der trägt seinen Apfel heim.
(Patschen, dann winken und „Auf Wiedersehen!" rufen)

Zahnstocherformen

Mathespiel ab 3 Jahren

Das brauchen Sie:
- viele Zahnstocher (ersatzweise Zündhölzchen oder selbst gesammelte Zweigstückchen)
- 1 Stückchen Knetmasse

Die Enden der Zahnstocher mit kleinen Kügelchen aus Knetmasse ummanteln, damit sich niemand pikst. Malen Sie auf kleine Zettelchen Motive, die die Kinder mit den Hölzchen nachlegen sollen, z. B. Dreiecke, Vierecke, Häuschen. Selbstverständlich dürfen sich die Kinder auch selbst Motive für Zettelchen überlegen, die sie anderen Kindern als Nachlegeaufgabe stellen.

Lustiges & Spannendes
IM
Herbstwald

Waldmikado

Spiel ab 3 Jahren

Das brauchen Sie:

- viele unterschiedlich dicke Stöckchen und Zweigstücke (alle etwa 20 bis 30 cm lang)
- nach Wunsch bunte Flüssigfarben und Pinsel
- evtl. Schnitzmesser (benutzen die Kinder nur unter Aufsicht)

Die Stöckchen von Schmutz und Blättern befreien. Am besten verwenden Sie und die Kinder nur Material, das schon am Boden liegt, und reißen keine lebenden Teile von Bäumen und Sträuchern ab. Von abgefallenen Ästen und Zweigen lässt sich auch die Rinde besser entfernen. Die Kinder können die Rinde – allerdings unter Aufsicht! – mit Messern entfernen. Falls sie unversehrt ist, kann sie aber auch dranbleiben.

Nach Wunsch können die Kinder die Stöckchen bemalen und dabei mit Mustern versehen. Ein einziger Stab sollte dabei besonders gestaltet werden, als Mikado.

Alle Stöckchen gut trocknen lassen. Den Mikado in die Mitte der Stäbe stecken und alle Stäbe auf eine feste Unterlage fallen lassen. Nun wird nach den Mikadoregeln gespielt. Wer den Mikado erbeutet, ist Sieger.

Klatschjäger

Kreisspiel ab 4 Jahren

Das brauchen Sie:

- Stühle
- 1 Kuscheltier

Ein Jäger, d. h. ein Kind aus der Kinderrunde, verlässt kurz den Raum oder hält sich die Augen zu. In der Zwischenzeit verstecken die anderen Kinder das Kuscheltier irgendwo im Gruppenraum. Der Jäger wird nun hereingerufen. Er soll das Kuscheltier fin-

Warum die Bäume ihre Blätter verlieren

Sobald die Tage wieder kürzer werden, ist das ein Signal für den Baum: Er beginnt damit, den grünen Farbstoff in den Blättern (Chlorophyll genannt) nun nach unten in die Wurzeln zu leiten. Auf diese Weise werden im Herbst die anderen Farben in den Blättern sichtbar. Die kürzeren Tage bedeuten für den Baum, dass er damit beginnt, kein Wasser mehr durch Stamm, Äste und Zweige in die Blätter zu leiten. Das wäre im Winter auch sinnlos, denn das Wasser würde in den Blättern gefrieren und diese zerstören. Darum stellt der Baum einen Teil seiner Wasserleitungen ein. Die Blätter vertrocknen und fallen schließlich ab.

den. Allerdings sagen die Kinder dazu nicht „kalt!" oder „heiß!", sondern sie klatschen laut für „richtige Richtung!" oder leise für „falsch!" oder sie hören ganz auf zu klatschen. Dabei sitzen die Kinder auf Stühlen verteilt im Raum, damit immer genug Klatschkinder in der Nähe des Jägers sind. Hat der Jäger seine Beute gefunden, darf er bestimmen, wer in der nächsten Runde auf die Jagd gehen darf.

Tastmandala

Gestaltungsaktion ab 5 Jahren

Das brauchen Sie:

- getrocknete Körner von Mais, Linsen, Erbsen, Sonnenblumen- oder Kürbiskerne (z. B. von abgelaufenen oder zum Verzehr nicht geeigneten Packungen oder Aussaatpackungen)
- Pinzetten
- flüssigen Klebstoff
- Deckel von Verpackungen (aus Pappe oder Kunststoff, z. B. von Käseschachteln u. Ä.), ersatzweise Karton- oder Pappreste
- nach Wunsch Klarlack

Die Papp- oder Kartonreste rund oder viereckig zuschneiden (Durchmesser je nach Wunsch der Kinder ca. 10 bis 15 cm). Falls Sie Deckel verwenden, können Sie den Rand einfach stehen lassen, so kullern keine Körnchen weg.
Mit flüssigem Klebstoff befestigen die Kinder in der Mitte ihres Kartons oder Deckels ein größeres Korn oder eine Blüte oder einen Stern aus Körnchen. Von dort ausgehend setzen die Kinder Linien oder Schlangen mit Körnchen bis an den Rand fort. Dazu können die Kinder auch Pinzetten benutzen, eine feinmotorische Übung für die Bald-Schulkinder.

Tipp:
Zum Schluss können die Kinder ihre fertigen Werke mit Klarlack fixieren, damit sich keine Körnchen ablösen.

Waldgeister

Gestaltungsaktion ab 3 Jahren

Das brauchen Sie:

- rechteckige Stücke Pappe, Karton oder Tonkarton (etwa DIN A5), ersatzweise Pappteller oder Deckel von Kartons oder Schachteln
- flüssigen Klebstoff
- Naturmaterial, selbst gesammelt

Auf einem Waldspaziergang dürfen sich die Kinder das Material für ihre Collage selbst sammeln: Moos, Zapfen, Eicheln, Bucheckern, Steinchen, Äste und unbewohnte Schneckenhäuser eignen sich beispielsweise gut.

Zurück in der Kita legen die Kinder ihre Mitbringsel zunächst zur Probe auf ihrer Unterlage aus. Dann den Deckel oder Karton mit Klebstoff bestreichen und die Stücke aufkleben. Auf diese Weise können einfache Naturcollagen, aber auch Mandalas entstehen. Sehr pfiffige und kreative Kinder legen aus ihren Schätzen Waldgeistergesichter. Wie könnte dieser Waldgeist heißen?

Was passiert an der Herbst-Tag-und-Nacht-Gleiche?

Die Herbst-Tag-und-Nacht-Gleiche findet jedes Jahr zwischen dem 20. und 23. September statt: Es ist einer der beiden Zeitpunkte im Jahr, an denen Tag und Nacht genau gleich lang sind (sogenannte Äquinoktien). Nach der Herbst-Tag-und-Nacht-Gleiche werden die Nächte länger als die Tage, bis sie an Mittwinter zur Wintersonnenwende ihre längste Dauer erreichen.

Termine 2017 bis 2019
2017: 22.09.2017 um 22:02 Uhr
2018: 23.09.2018 um 03:54 Uhr
2019: 23.09.2019 um 09:50 Uhr

Der Herbst
MACHT
einfach Spaß

Baumtanz

Mitmachgeschichte ab 2 Jahren

Das brauchen Sie:

- etwas buntes Herbstlaub in einem Korb
- nach Wunsch CD-Spieler mit Musik

Jedes Kind darf sich Herbstlaub aus dem Korb nehmen. Im Stehkreis findet dann das Bewegungs- oder Tanzspiel statt:

Der Herbst ist da. Die Bäume in Wald bereiten sich auf den Winter vor. Sie lassen ihre Blätter fallen.
(Die Kinder lassen einige ihrer Blätter zu Boden rieseln)

Ein zarter Wind pustet die Blätter von den Ästen.
(Weitere Blätter wegpusten, dabei noch einige Blätter übrig behalten)

Hin und wieder kommt ein Windstoß und reißt weitere Blätter von den Bäumen ab. Dann wackeln die Bäume mit ihren Ästen und Zweigen im Wind und freuen sich.
(Die letzten Blätter wegwerfen, wegpusten oder fallen lassen und mit den Armen wackeln wie Äste im Wind)

Manchmal kommt auch ein richtiger Sturm auf. Der Sturm heult um die Bäume herum. Die Bäume biegen sich im mächtigen Wind und ihre Äste und Zweige schaukeln.
(Mit den Armen wackeln und rudern. Auch Sturmgeräusche können die Kinder machen.)

Und heute kommt ein richtiger Orkan angesaust. Der zauselt und wuschelt durch die Bäume, wirft sie nach rechts und nach links, nach vorne und nach hinten. Das ist ein Brausen im Wald.
(Die Kinder biegen sich vor und zurück und zur Seite, bewegen dabei die Arme und den Kopf)

Doch jeder Orkan hat einmal ein Ende. Bald ist der Orkan vorüber. Die Bäume sind ganz schön erschöpft. Müde wiegen sie sich im jetzt nur noch ganz schwachen Wind – und bereiten sich auf ihre Winterruhe vor.
(Ganz sacht hin und her wiegen und zur Ruhe kommen)

Blätterbäume

Malaktion ab 3 Jahren

Das brauchen Sie:

- weißes Malpapier
- Tonpapier in bunten Farben
- Klebstoff
- Buntstifte oder flüssige Farben und Pinsel
- Laubblätter von Bäumen
- nach Wunsch: Früchte/Samen von Bäumen

Mit den Farben gestalten die Kinder auf dem Malpapier einen Baumstamm mit Ästen. An die Äste kleben die Kinder die Blätter. Die Malbogen auf buntes Tonpapier kleben und eine Baumausstellung machen. Ältere Kinder können Baumporträts gestalten, indem sie an ihrem Baum beispielsweise nur Eichenblätter aufkleben und Eicheln dazukleben. Unten auf dem Bogen notieren sie mit etwas Hilfe den Namen des Baumes. Auf diese Weise können auch Buchen-, Linden-, Kiefern- und andere Baumporträts entstehen.

Blätterhexe

Tischregelspiel ab 4 Jahren

Das brauchen Sie:

- gepresste und getrocknete schöne Herbstblätter
- 1 Augenwürfel
- 1 Körbchen
- 1 großen Bogen Pappe oder Karton
- Filzstifte
- bunte Verschlüsse von PET-Flaschen in verschiedenen Farben

Den Pappbogen als Spielfeld gestalten. Dazu ein großes Start- und ein großes Zielfeld einzeichnen. Weitere Spielfelder spiral- oder schlangenförmig aufmalen und miteinander verbinden. Auf jedem vierten Spielfeld einen Hexenhut aufmalen. Jedes dritte Spielfeld kann einen Zauberstab erhalten. Zwei Spielfelder erhalten einen Blitz.
Die Blätter wandern in das Körbchen, das direkt neben dem Spielfeld aufgestellt wird. Jeder Spieler wählt sich einen Verschluss als Spielfigur aus. Die Spieler würfeln reihum mit dem Würfel und ziehen gemäß der erwürfelten Augenzahl vor. Wer auf ein

Feld mit einem Hexenhut kommt, darf sich ein Blatt aus dem Körbchen nehmen. Wer auf einem Feld mit Zauberstab landet, darf noch einmal würfeln und wer das Spielfeld mit dem Blitz betritt, darf sich alle Blätter der anderen Spieler nehmen. Jeder Spieler, der das Ziel mit Blättern als Besitz erreicht, hat gewonnen. Wer keine Blätter hat, darf sich mit einem Zauberspruch von dem Spieler links oder rechts neben sich Blätter schenken lassen, z. B.:
Hixe, Haxe, Hexenspeck,
meine Blätter: alle weg.
Ich borg mir eins und eins, zwei, drei,
bin ich im Spiel wieder dabei!

Mäuseherbst

Bewegungsspiel ab 4 Jahren

Das brauchen Sie:

- 1 Gymnastikreifen oder 1 Matte pro Kind
- 2 Tücher pro Kind
- nach Wunsch CD-Spieler mit Musik

Die Gymnastikreifen oder Matten im Raum auslegen. Dazwischen die Tücher auf dem Boden verteilen. Die Kinder sind die Mäuse: Jede Maus kuschelt sich in einem Reifen oder auf einer Matte zusammen. Ein Kind wird herausgenommen: Es ist der Fuchs, der Jagd auf die Mäuse macht. Bei einem Musikstopp oder auf ein Kommando des Spielleiters verlassen die Mäuse ihre Löcher, um sich vor dem Winter noch etwas Nahrung zu suchen. Jede Maus muss versuchen, zwei Tücher zu erbeuten und in ihr Nest zu transportieren. Bei jedem Musikstopp darf aber immer nur ein Tuch erbeutet werden.
Der Fuchs bewegt sich zwischen den Reifen oder Matten und versucht, die Mäuse durch Abschlagen zu erlegen. In den Reifen oder auf den Matten sind die Mäuse sicher. Schafft es die Maus mit ihrem Tuch in ihr Mauseloch, so hat sie diese Runde überstanden. In der nächsten Runde versucht sie, das zweite Tuch zu erbeuten. Mäuse, die vom Fuchs abgeschlagen werden, ruhen sich am Spielfeldrand aus.

Halloween
MIT
Kichergeistern

Immer Ärger mit den Geistern

Stuhlkreisspiel ab 5 Jahren

Das brauchen Sie:

- 1 Edel- oder Muggelstein
- CD-Spieler mit Halloweenmusik oder Kindermusik

Die Kinder sitzen in einem Stuhlkreis. Zur Musik geben sie den Muggelstein im Kreis herum. Bei wem ist der Stein gelandet, wenn die Musik stoppt? Dieses Kind nimmt seinen Stuhl aus dem Kreis und wird zu einem Geist. Hinter dem Kreis darf es zur Musik einen Geistertanz aufführen, während die anderen Kinder den Stein weitergeben. Bei den nächsten Musikstopps werden weitere Geister entstehen. Sind drei Geister beisammen, dürfen sie auch in den Kreis hineintanzen und die anderen Kinder beim Weitergeben des Schatzsteines ablenken. Das Spiel ist beendet, wenn alle Spieler zu Geistern geworden sind.

Der Kichergeist-Tanz

Tanzlied ab 2 Jahren

Zur Melodie von „Es tanzt ein Bi-Ba-Butzemann" singen die Kinder das Liedchen vom Kichergeist. Tanzbewegungen überlegen sich die Kinder selbst. In der ersten Strophe tanzt beispielsweise ein Kind im Stehkreis. In der zweiten Strophe machen alle Kinder mit, indem sie vormachen, was der Kichergeist macht: zuerst stampfen und die Melodie mitbrummen, dann klatschen und mitsummen, dann auf der Stelle springen und zum Schluss im Kreis tanzen.

*Es tanzt ein Ki-Ka-Kichergeist
in unserm Kreis herum, widibum,
es tanzt ein Ki-Ka-Kichergeist
in unserm Kreis herum.*

*Er stampft und brummt,
er klatscht und summt,
er kichert und er springt herum,
es tanzt ein Ki-Ka-Kichergeist
in unserm Kreis herum.*

Geisterkegeln

Bewegungsspiel ab 3 Jahren

Das brauchen Sie:

- 9 leere PET-Flaschen
- weißes Malpapier
- schwarzen Filzstift
- Klebstoff
- 1 kleinen Ball

Die PET-Flaschen mit Klebstoff bestreichen und mit dem Papier ummanteln. Gespensteraugen aufmalen. Alle neun Geister wie Spielkegel aufstellen: Zum Kegeln denken sich die Kinder noch entsprechende Spielregeln aus.

Monstergesichter

Rezept ab 3 Jahren

Das brauchen Sie für etwa 48 Gesichter:

- 200 g Butter
- 200 g Puderzucker
- 4 Eier
- 6 Esslöffel Milch
- 400 g Mehl
- 2 Päckchen Vanillepuddingpulver
- 1 Päckchen Backpulver

Für die Verzierung:

- 1 Päckchen Puderzucker
- 5 Esslöffel Zitronensaft
- Schokolinsen oder runde Fruchtgummidrops
- 1 Tube dunkle Zuckerschrift
- nach Wunsch grüne und orange Lebensmittelfarbe

Die Gesichter werden nach einem Rezept für Amerikaner hergestellt: Dazu die Butter und den Puderzucker mit dem elektrischen Handrührgerät cremig schlagen. Die Eier nacheinander dazurühren. Mehl, Puddingpulver und Backpulver dazugeben und zu einem festen Teig rühren. Falls der Teig zu fest ist, evtl. Milch esslöffelweise dazugeben und einrühren. Vom Teig mit zwei Löffeln Häufchen auf Backbleche setzen. Bei Ober- und Unterhitze im vorgeheizten Ofen jeweils 10 bis 15 Minuten goldbraun backen. Die Amerikaner auskühlen lassen und vorsichtig vom Blech lösen. Puderzucker mit Zitronensaft zu einem steifen Zuckerguss anrühren und die flache Seite der Amerikaner damit bestreichen. Augen aus Schokolinsen oder Gummidrops gestalten. Mund und Nase mit Zuckerschrift aufmalen.

Nach Wunsch können die Monster auch grüne oder orangefarbene Gesichter bekommen, wenn die Kinder einige Tropfen Lebensmittelfarbe in den Zuckerguss rühren. Die orangefarbenen Miniamerikaner können die Kinder auch wie Kürbisse gestalten.

Attraktionen

FÜR DIE

Halloweenparty

Dunkelversteck

Bewegungsspiel ab 5 Jahren

Das brauchen Sie:

- 2 Taschenlampen

Ob auf der Halloweenparty oder zwischendurch: Älteren Kindern macht dieses spannende Spiel immer wieder Spaß. Dunkeln Sie einen geeigneten Raum ab, sorgen Sie dafür, dass keine Stühle und Tische im Raum herumstehen. Zwei Kinder werden nun mit Taschenlampen bewaffnet vor die Tür geschickt. Die anderen Kinder verstecken sich im dunklen Raum. Die Taschenlampenkinder dürfen die versteckten Kinder nun suchen. Die als letzte gefundenen Kinder gehen in der nächsten Runde vor die Tür.

Achtung: Die Kinder sollten sich mit den Taschenlampen nicht direkt in die Augen leuchten!

Gespensterquallen

Rezept ab 3 Jahren

Das brauchen Sie:

- 1 Dose Fertigteig für Brötchen (Kühlregal)
- Streukäse
- Sesam-, Sonnenblumen- oder Kürbiskerne

Die Dose nach Packungsanleitung öffnen und die Brötchen entnehmen. Jedes Brötchen in zwei Hälften teilen. Jede Hälfte etwas flach drücken und dabei nach unten in die Länge ziehen. Den unteren Teil mit einem Messer in viele Füßchen oder Quallenärmchen schneiden. Alle Quallen auf mit Backpapier belegte Bleche legen. Den Ofen auf 200 °C vorheizen.

Die Quallen mit etwas Wasser bestreichen. Nun dürfen die Kinder ihre Gespensterquallen weiter ausgestalten, z. B. indem sie mit Kürbiskernen Augen einstecken und die Quallenfüße mit Streukäse bestreuen.

Alle Gespensterquallen ca. 10 bis 15 Minuten bis zum gewünschten Bräunungsgrad backen.

Das große Kürbisschätzen

Mathespiel ab 4 Jahren

Das brauchen Sie:

- unterschiedliche Kürbisse (Zierkürbisse, große essbare Kürbisse usw.)
- 1 Paket Mehl oder Zucker
- 1 Paket Puderzucker
- 1 Küchenwaage

Die Kinder ordnen die Kürbisse zunächst der Größe nach. Nun sollen die Kinder schätzen, wie viel jeder Kürbis wiegt. Dazu dürfen sie zunächst den Puderzucker und das Mehl in der Hand wiegen und sich an diesem Gewicht orientieren. Mit der Waage können die Kinder dann nachmessen, ob sie ungefähr recht hatten.

Das Kürbisschätzen ist auch eine schöne Idee für Elternfeste oder Halloweenpartys.

Gespensterschleim

Kreisspiel ab 4 Jahren

Die Kinder sitzen in einem lockeren Sitzkreis. Der Reihe nach bekommt jedes Kind eine Frage gestellt, auf die es jeweils mit „Gespensterschleim" antworten muss, z. B.:

„Was mögen Gespenster gern?"
„Was klebt dort unter der Fensterbank?"
„Was hast du heute Morgen zum Frühstück gegessen?"

„Was ist dein Lieblingsgetränk?"
„Was gibt es heute zum Mittagessen?"

Nach den ersten Lachern dürfen die Kinder in einer zweiten Runde selbst Fragen formulieren und sich gegenseitig stellen. Statt Gespensterschleim können sich die Kinder auch weitere lustige Wörter ausdenken. Wie wäre es mit „Krötenaugensoße" oder „Spinnenbeinmatsch"?

Spinnennetzkuchen

Rezept ab 3 Jahren

Das brauchen Sie:

- 5 Eier
- 1 Tasse Zucker
- 1 Päckchen Vanillezucker
- 3 Tassen Mehl
- 1 Tasse Kakao
- 1 Päckchen Backpulver
- 1 ½ Tassen gemahlene Mandeln oder Nüsse
- 1 Tasse Sprudel
- 1 Tasse Speiseöl
- 1 Päckchen Puderzucker
- Schokoglasur
- nach Wunsch: Spinnen oder Fledermäuse aus Fruchtgummi

Eier, Zucker und Vanillezucker schaumig rühren. Mehl, Kakao, Backpulver und Mandeln oder Nüsse zuerst mischen, dann auf die Eiermasse geben. Sprudel und Speiseöl dazugeben und alle Zutaten gut miteinander verrühren. Masse auf ein mit Backpapier ausgelegtes tiefes Backblech streichen und bei 180 °C etwa 30 Minuten backen. Nach dem Backen auskühlen lassen und dann auf eine Kuchenplatte stürzen. Den Puderzucker mit etwas heißem Wasser zu einem Guss anrühren und den Kuchen damit überziehen. Die Schokoglasur erhitzen und damit ein Spinnennetz auf den Kuchen malen. Fledermäuse oder Spinnen auf dem Spinnennetz garnieren.

Sankt Martin

WAR EIN

guter Mann

Martinspferdchen

Rezept ab 3 Jahren

Das brauchen Sie:

- 1 Ausstecher in Pferdform
- 250 g Magerquark
- 9 Esslöffel Milch
- 9 Esslöffel Öl
- 5 Esslöffel Zucker
- 1 Esslöffel Vanillezucker
- 450 g Mehl und etwas mehr Mehl zum Ausrollen
- 1 Päckchen Backpulver
- 1 Eigelb
- Rosinen

Alle Zutaten für den Teig miteinander gut mischen und den Teig geschmeidig kneten. Auf einer bemehlten Arbeitsfläche ausrollen. Pferdchen ausstechen und auf mit Backpapier belegte Bleche setzen. Auch möglich: Pferde aus eine Stück Teig für Kopf und Rumpf formen, zwei Beine ansetzen. Mit Eigelb bestreichen. Mit einer Rosine erhält jedes Pferdchen ein Auge. Bei 180 °C goldgelb backen.

Martinspunsch

Rezept ab 3 Jahren

Das brauchen Sie für etwa 20 Tassen Punsch:

- 4 Bio-Orangen
- 5 Beutel Früchtetee
- 100 g Rohrzucker (oder Kokosblütenzucker)
- 1 l Apfelsaft
- 1 l Holunderbeersaft
- 1,5 l Cranberrysaft (2 Flaschen à 0,75 l)
- 2 Teelöffel Glühwein- oder Lebkuchengewürz

Was wärmt nach einem Laternenumzug schöner auf als ein Martinspunsch? Dieses Heißgetränk richten Sie am besten vor dem Umzug an und halten es warm. Die Orangen heiß abwaschen und in Scheiben schneiden. Den Früchtetee in einem Topf mit einem Liter kochendem Wasser aufgießen, Herdplatte anstellen, Holunder- und Cranberrysaft dazugeben. Alles kurz aufkochen, den Zucker dabei auflösen lassen und die Gewürze zugeben. Vor dem Servieren je eine Orangenscheibe in ein Puschglas geben (oder einschneiden und an den Tassenrand stecken).

Gänsereim

Tanz ab 2 Jahren

Wir Gänse tanzen gern und schön,
kannst heut' mit uns im Kreise geh'n.
(Im Kreis aufstellen, an den Händen fassen und im Kreis herumgehen)

Wir schnattern laut und singen mit
Und wer das mag, der dreht sich mit.
(Schnattern und sich dann auf der Stelle um sich selbst drehen)

Wir stampfen mit dem Gänsefuß,
die Erde unter uns zu Mus.
(Stampfen: auf der Stelle oder im Kreis laufend)

Mit den Flügeln flattern wir,
Spaß macht das auch dir und mir..
(Mit den Armen als Flügel auf und ab wippen)

Wir klappern mit den Schnäbeln mit,
begleiten klappernd Schritt und Tritt.
(Im Kreis gehen und dabei die Hände wie bei einem großen Schnabel aufeinanderlegen und wieder auseinanderziehen)

Wir springen abwechselnd von Bein zu Bein,
das mögen Gänse, groß und klein.
(Von einem auf das andere Bein springen)

Wir machen einen Riesenlärm
das mögen Gänse nämlich gern.
(Ganz laut „schnattern" und mit den „Flügeln"/Armen schlagen)

Wir watscheln rund herum im Kreise,
dann werden alle Gänse leise:
(Watscheln, dann den Finger an den Mund legen und ganz leise flüstern)

Abend ist's wir komm'n zur Ruh,
machen unsere Augen zu.
(Ruhig stehen bleiben und schnarchen)

Martinsfeuer

Fingerspiel ab 2 Jahren

Flammenschein in dunkler Zeit,
hab ein Zündhölzchen bereit.
(Einen Zeigefinger in die Luft recken)

Zünde es an, ritsch-ratsch und zisch!
Es brennt, es brennt: ein kleines Licht.
(Den Zeigefinger als Zündhölzchen pantomimisch an der anderen Hand anzünden und dabei „Zisch!" rufen)

Halt mein Licht ans Holz jetzt dran,
erst züngelt eine kleine Flamm' …
(Den Zeigefinger an die zur Faust geballte andere Hand halten, Daumen herausgucken lassen und damit wackeln)

… dann mehr und mehr und alle zusammen,
es züngeln hell und warm die Flammen.
(Nach und nach kommen die anderen Finger hervor und wackeln)

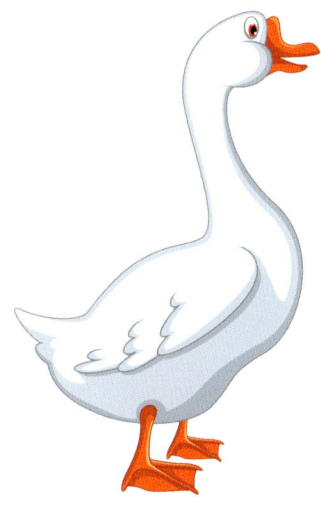

Lichterzauber
IN DER
Martinszeit

Glitzerlaterne

Das brauchen Sie:

- Alufolie und/oder Goldfolie
- Klebstoff
- Scheren
- Draht
- 1 sauberen, leeren Tetra-Pack
- wischfester schwarzer Filzstift
- Glitzersteine und Perlen nach Vorrat und Ideen der Kinder
- Basteldraht
- Laternenstab mit batteriebetriebener Beleuchtung

Vom Tetrapack den Deckel abschneiden, sodass er oben offen ist. Rundum mit Klebstoff bestreichen und mit Alu- oder Goldfolie umwickeln, trocknen lassen. Mit dem Filzstift Fenster und Türen in verschiedenen Formen aufmalen und ausschneiden. An zwei gegenüberliegenden Punkten Löcher in die Laterne bohren, Draht hindurchführen und zu einem Aufhänger biegen.

Die Laterne nun nach Wunsch und Ideen der Kinder mit den Perlen und Glitzersteinen weiter ausgestalten und am Laternenstab befestigen.

Auch möglich: Die Laterne von innen zusätzlich mit Transparentpapier bekleben.

Tischlaternen-Dorf

Das brauchen Sie:

- leere, saubere Tetrapack-Milchtüten in allen Größen und Formen
- flüssigen Klebstoff
- Scheren
- Transparentpapier
- schwarzen wischfesten Filzstift

Jedes Kind sucht sich eine Milchtüte aus. Schön wirkt es später, wenn die Kinder sich unterschiedliche Tetrapacks aussuchen (0,5 l oder 1 l). Mit schwarzem, wischfestem Filzstift malen die Kinder unterschiedlich große Fenster auf alle vier Seiten ihres Kartons. Eine Haustür (rund oder eckig) dazumalen. Die Fenster mit Scheren ausschneiden. Nach Wunsch und unter genauer Aufsicht können die Kinder auch für die ersten Schnitte einen Cutter verwenden. Diese Arbeit wird aber besser von einem Erwachsenen übernommen. Die Haustür nur an drei Seiten einschneiden, sodass sie sich aufklappen lässt (also nicht ganz ausschneiden!). Den Tetrapack nun rundum mit Transparentpapier nach Auswahl der Kinder bekleben. An der Haustür das Transparentpapier einschneiden. Stellen die Kinder ihre Laternen zusammen, so entsteht ein kleines erleuchtetes Dorf.
Die Beleuchtung erreichen Sie am besten durch LEDs, die sie durch die größeren Fenster in die Laternchen einsetzen. Auch möglich: Von allen Laternen den Boden entfernen und LEDs unter die Laternen stellen.

Achtung: Bei Verwendung von echten Teelichtern dürfen die Häuser keine Dächer haben.

Sankt-Martin-Reim

Reimgeschichte ab 3 Jahren

Das Gedicht von Sankt Martin und dem Eichhörnchen zeigt einmal mehr, dass der Heilige Martin nicht nur mit einem Bettler sein Eigentum teilte. Die Kinder können den Reim in jeder zweiten Zeile erraten oder den Text mit Bewegungen begleiten.

Sankt Martin reitet schnell, geschwind,
*durch Schnee und eisig kalten **Wind**.*

Das Pferd hält an, es schnaubt und wiehert,
*denn jemand sitzt im Weg und **friert**.*

Schnell macht das Pferd am Wegrand Halt,
*der Wind pfeift eisig, der Wind pfeift **kalt**.*

Ein Eichhörnchen sitzt doch im Schnee,
*es jammert laut: „Oh weh, oh **weh**!*

Hätt' ich nur eine kleine Nuss,
*damit ich nicht verhungern **muss**!"*

Sankt Martin sucht in seinen Taschen
*nach Nüssen, irgendwas zum **Naschen**.*

Ein Keks, ein Brot, ein Nüsschen auch,
*wandern in den Eichhörnchen**bauch**.*

Vielen Dank noch mal an dich,
*so freut es und bedankt man **sich**.*

Drei-Herbsttiere-Rätsel

Rätselreime ab 3 Jahren

Im Herbst roll ich mich ganz eng ein,
will wie ein Ringelwürmchen sein.
Hab Stacheln wie ein Stachelschwein,
sag, was könnte ich wohl sein?
(Igel)

Ich knabber Nüsse, Samen und Gras,
das macht mir im Herbst den meisten Spaß.
Hab Öhrchen, ein Schwänzchen und Zähnchen ganz weiß,
kann trippeln und laufen, ganz schnell und ganz leis.
(Maus)

Im Winter spring ich von Ast zu Ast,
so schnell, wie du's selten gesehen hast.
Hab ein Häuschen hoch oben im Baum,
einen Kuschelschwanz, Krallen – du glaubst es kaum.
(Eichhörnchen)

Der Winter
UND DIE WEIHNACHTSZEIT

Irgendwann zwischen Dezember und März wird es sicher auch in Ihrer Region schneien. Schnee erleben dann viele der jüngeren Kinder zum ersten Mal ganz bewusst. Aber auch ohne die weiße Pracht von oben hat der Winter viel mehr zu bieten, als man denkt: Tiere lassen sich jetzt beispielsweise besser beobachten als in der warmen Jahreszeit. Jetzt verlassen Eichhörnchen und Mäuse ihre Nester, um auf Nahrungssuche zu gehen, Rehe und Füchse wagen sich in die Nähe des Menschen, Raben treffen sich zu lautstarken „Gesprächen" auf Bäumen und es kommen viele Singvögel ans Futterhäuschen.

Der Winter hat mit dem Weihnachtsfest und Silvester/Neujahr viele Feiertage, die das Ausruhen und Ausspannen zu Hause ermöglichen. Dafür sind die Tage und Wochen vor dem Weihnachtsfest in jedem Jahr eine ganz besondere Zeit für Kinder und Erwachsene. Ob Sie selbst Weihnachten mögen (und feiern) oder nicht: Die Zeit vor dem Jahreswechsel ist jedes Jahr aufs Neue eine intensive und besondere Zeit im Jahr, die Sie mit den Kindern bewusst begehen und genießen können.

Nach dem Jahreswechsel bringt die Faschingszeit bunten Trubel ins winterliche Grau. Die Faschingszeit ist gleichzeitig auch die Zeit, in der Sie sich mit den Kindern langsam vom Winter verabschieden. Unsere Vorfahren feierten diese Zeit zwischen Immer-noch-Winter und Fast-Frühling mit Ritualen voller Licht und Wärme. Eine gute Idee, die sich gerade in der kalten Zeit anbietet.

Der Winter bietet so viele Möglichkeiten, sich zu freuen – sei es der erste Schnee, Weihnachten, Fasching oder der Abschied von der kältesten Jahreszeit. Nutzen Sie sie!

Der erste Schnee

Ei, du liebe, liebe Zeit,
ei, wie hat's geschneit, geschneit!
Rings herum, wie ich mich dreh',
nichts als Schnee und lauter Schnee.
Wald und Wiesen, Hof und Hecken,
alles steckt in weißen Decken.
Ei, ihr lieben, lieben Leut',
was ist heut' das eine Freud'!

Friedrich Güll

Wir freuen uns

AUF DEN

Nikolaus!

Alle Jahre wieder ... kommt der Nikolaus

Lied ab 3 Jahren

*Alle Jahre wieder
kommt der Nikolaus,
zieht, wenn alle schlafen,
leis' von Haus zu Haus.*

*Hört ihr nicht das Glöckchen
in der Winternacht?
Schreit der Niklausesel?
Ich bin aufgewacht.*

*Und ich lauf' zum Fenster,
Stern an Stern glänzt hell.
Saust dort nicht ein Schlitten
durch die Bäume schnell?*

*Schreit der graue Esel
„I-ah!" laut zum Gruß!
Glitzert an der Scheibe
eine gold'ne Nuss.*

*Und ich schleich' mich leise
runter bis zur Tür.
Vollgefüllt die Schuhe!
Nikolaus war hier.*

Ein kleines krankes Nikoläuschen

Fingerspiel ab 2 Jahren

Das brauchen Sie:

- 1 kleine Nikolausfigur

Die Nikolausfigur in die Faust nehmen oder unter der gewölbten Hand auf einer Tischplatte verstecken.

*Ein kleines krankes Nikoläuschen
sitzt in seinem Niklaushäuschen.*
(Das Nikoläuschen zeigen und die Hand darum schließen wie oben beschrieben)

*Niest und schnupft, das Dach sich biegt,
ein Vogel aufschreckt, ängstlich flieht.*
(Mit der anderen Hand wie ein Vogel davonfliegen)

*Schnell kommt Gerlinde, die Fee,
bringt dem Nikolaus heißen Tee.*
(Mit der freien Hand ans Häuschen schnipsen)

*Ein kleines, kleines Nikoläuschen
kommt raus aus seinem Nikolaushäuschen.*
(Den Nikolaus zeigen)

Zapfennikolaus

Gestaltungsaktion ab 4 Jahren

Das brauchen Sie:

- 1 Kiefernzapfen
- 1 Bucheckernhülse
- 1 Zahnstocher
- Wattekugel
- rote Stoffreste
- etwas Watte
- Klebstoff
- schwarzen Filzstift

Den Zapfen aufstellen. Den Zahnstocher in der Mitte halbieren und mit dem spitzen Ende in den Zapfen stecken oder am Zapfen festkleben. Wattekugel auf das andere Ende stecken. Über die Wattekugel kommt die Bucheckernhülse als Kapuze oder Mütze. Der Wattekugel ein Gesicht malen. Watte als Bart ankleben. Etwas roten Stoff rund um den Zapfen herum ankleben.

Nikolaus, komm gern herein

Singspiel ab 2 Jahren

Um den Nikolaus in der Kita oder in Ihrer Gruppe zünftig willkommen zu heißen, bietet sich dieses kleine Liedchen an, das Sie zur Melodie von „Dornröschen war ein schönes Kind" singen können. Die Kinder können das Lied auch pantomimisch begleiten.

Nikolaus, komm, wach doch auf, wach doch auf, wach doch auf,
steh bitte endlich für uns auf, für uns auf.

Ach Niklaus, komm und zieh dich an, zieh dich an, zieh dich an,
du bist schon wirklich sehr spät dran, sehr spät dran.

Der Schlitten steht schon längst bereit, längst bereit, längst bereit,
steig ein, auch wenn es friert und schneit, friert und schneit.

Der Schlitten saust im Winterwind, Winterwind, Winterwind,
so schnell und flink und ganz geschwind, ganz geschwind.

Da hält der Schlitten vor dem Haus, vor dem Haus, vor dem Haus
und aus steigt unser Nikolaus, Nikolaus.

Nikolaus, komm gern herein, gern herein, gern herein,
sollst heut bei uns zu Hause sein, Hause sein.

Überraschungen
FÜR DIE
Nikolauszeit

Barbarazweige

Gartenspaß ab 3 Jahren

Das brauchen Sie:

- Garten- oder Heckenscheren
- Vase
- etwas Blumendünger
- früh blühende Baum- und Straucharten (Schlehe, Mandel, Kirsche, Apfel, Forsythie …)

Einem alten Brauch entsprechend werden am 4. Dezember, dem sogenannten Barbaratag, Zweige von Bäumen ins Haus geholt. Bis Weihnachten sind die Zweige mit etwas Glück erblüht und erfreuen so mit Duft und Farbe.

Haben Sie früh blühende Bäume im Außengelände? Falls nicht, finden Sie Schlehen häufig an Waldrändern: Der auch Schwarzdorn genannte Strauch fällt durch seine dunkle Rinde und die Dornen auf. Auch Kirschbäume finden Sie möglicherweise wild.

Schneiden Sie gemeinsam mit den Kindern nur einige wenige Zweige von den Bäumen Ihrer Wahl ab. Zurück in der Einrichtung legen Sie die ganzen Zweige über Nacht in lauwarmes Wasser. Am anderen Morgen schneiden Sie die Enden schräg zu und entfernen dort die Rinde. Eine Blumenvase mit Wasser und etwas Blumendünger füllen und die Zweige hineinstellen. Nach zwei bis drei Wochen sollten sich die ersten Blüten zeigen.

Lieber guter Nikolaus

Tanzspiel ab 2 Jahren

Das brauchen Sie:

- Nikolauskostüm mit Sack
- Geschenke für den Sack (echte oder leere Schachteln)
- 1 Stuhl für den Nikolaus
- 1 Tasse

Zur Melodie von „Morgen kommt der Weihnachtsmann" können die Kinder dieses kleine Tanzspiel singen und nachtanzen: Ein Kind ist dabei der Nikolaus und wird entsprechend verkleidet, die anderen Kinder stehen im Kreis und singen den Nikolaus herbei, holen ihn in den Kreis, wo ein Stuhl für ihn bereitsteht. Sie nehmen ihm entsprechend den Strophen den Sack ab, verteilen die Geschenke darin und verabschieden ihn dann mit einem viel leichteren Sack. Das Tanzspiel eignet sich auch für eine kleine Aufführung.

Lieber guter Nikolaus,
komm doch auch in unser Haus.
Bringst uns Nuss und Mandelkern,
Mandarinen auch sehr gern.
Lieber guter Nikolaus,
komm doch auch in unser Haus.
(Dem Nikolaus, der zur Tür hereinkommt, winken)

Stampf herein und wärm dich auf,
weil jeder etwas Wärme braucht.
(Der Nikolaus stampft herein, die Kinder ziehen ihn in den Kreis)

Ruh dich aus und trink 'nen Tee,
draußen warten Kält' und Schnee.
(Die Kinder nötigen den Nikolaus, sich hinzusetzen, und reichen ihm eine Tasse)

Stell den schweren Sack mal ab,
das poltert und macht rumpelpack!
(Die Kinder nehmen ihm den Sack ab)

Lass mal seh'n, was ist im Sack,
was hast du für uns eingepackt?
(Den Sack öffnen und nachsehen)

Geschenke gibt's für dich und mich,
die Kinder freu'n sich fürchterlich.
(Die Kinder verteilen die Geschenke aus dem Sack)

Leichter ist der Sack jetzt sehr,
vorher war er furchtbar schwer.
(Den Sack anheben und das Gewicht prüfen)

Lieber Nik'laus, komm gut heim,
mit unserm kleinen Abschiedsreim.
(Dem Nikolaus vom Stuhl hochhelfen, Tasse abnehmen, den Sack wieder in die Hand geben)

Tschüss und Ciao, bis nächstes Jahr,
du warst wieder wunderbar!
(Der Nikolaus stampft davon, die Kinder winken ihm nach)

Klingelnder Türschmuck

Gestaltungsaktion ab 4 Jahren

Das brauchen Sie:

- Kiefernzapfen
- Glöckchen
- Adventsanhänger nach Vorrat oder Geschmack der Kinder
- rotes Geschenkband
- evtl. Basteldraht

Bei einem Spaziergang sammeln die Kinder Kiefernzapfen. Die Kiefernzapfen mit Basteldraht mit Aufhängern versehen. Mit dem Geschenkband einen oder zwei Zapfen, einige Glöckchen und einen Anhänger zusammenbinden. Eine schöne Schleife knoten und alles an der Tür aufhängen.

Nikolaus,
WIR
mögen dich!

Nikolausspurensuche

Rätselspiel ab 3 Jahren

Das brauchen Sie:

- viele Muggelsteine, Kiesel und Zapfen
- 1 Nikolaussäckchen mit Überraschungen für die Kinder

Das Säckchen mit den Überraschungen irgendwo in der Kita verstecken. Für die Kinder nun eine Spur mit den Steinen und Zapfen legen und sie das Versteck finden lassen.

Was ist eigentlich Schnee?

Schnee ist meteorologisch gesehen ein fester Niederschlag. Er entsteht, wenn sich in den Wolken winzige Tröpfchen von unterkühltem Wasser an einem Staubkörnchen anlagern und dann dort gefrieren. Interessant ist, dass je nach Temperatur unterschiedliche Eiskristalle entstehen: Bei sehr tiefen Temperaturen entstehen Eiskristalle in Prismen- oder sechseckigen Plättchenformen. Höhere Temperaturen bedingen Sternchenformen (genannt Dendriten) mit Ärmchen.

Nikolausanhänger

Gestaltungsaktion ab 3 Jahren

Das brauchen Sie:

- roten und/oder rot-weiß-gemusterten Tonkarton
- Tonkarton oder Tonpapier in Beige oder Hellbraun
- rote Pompons
- Wackelaugen
- schwarzen Filzstift
- Watte oder Märchenwolle
- Scheren
- Klebstoff
- Locher
- Geschenkband in Weiß oder Rot
- nach Wunsch Wattestäbchen und Deckweiß oder andere gut deckende weiße Farbe

Aus dem roten oder rot-weißen Tonkarton längliche Dreiecke (etwa 8 cm hoch) ausschneiden. An der Spitze mit einem Locher lochen und ein Stück Geschenkband hindurchführen. In die Mitte des Dreiecks als Gesicht einen Kreis aus beigefarbenem Tonpapier kleben. Augen mit einem Filzstift oder mit Wackelaugen gestalten. Als Nase einen roten Pompom aufkleben. Bart und Haare mit Märchenwolle oder Watte ankleben. Nach Wunsch Schneeflocken auf der Mütze mit den Wattestäbchen und der weißen Farbe auftupfen. Gut trocknen lassen. Auf der Rückseite der Anhänger Wünsche oder Grüße notieren.

Rindenlichter

Gestaltungsaktion ab 5 Jahren

Das brauchen Sie:

- 1 Teelicht (z. B. mit Duft, in einer Adventsfarbe), ersatzweise LED-Licht
- Glas zum Einstellen des Teelichts (z. B. Einmachglas)
- Rinde
- schönes Geschenkband oder Bast

Bei einem Waldspaziergang sammeln die Kinder Rindenstückchen. Zurück in der Kita das Glas mit Rinde ummanteln und alles mit Band fest umwickeln. Die Rinde wird sich, geschützt durch das Glas des Teelichtes, nicht entzünden. Falls Sie unsicher sind oder die Sicherheitsbestimmungen in Ihrer Kita keine echten Kerzen erlauben, setzen Sie ein LED-Lichtchen ein.

Auch möglich: Statt Rinde Zimtstangen um die Teelichter binden.

Winternacht

Wie ist so herrlich die Winternacht,
es glänzt der Mond in voller Pracht
mit silbernen Sternen am Himmelszelt.

Es zieht der Frost durch Wald und Feld
und überspinnet jedes Reis
und alle Halme silberweiß.
Es haucht über dem See und im Nu,
noch eh' wir's denken, friert er zu.

So hat der Winter auch unser gedacht
und über Nacht uns Freude gebracht.
Nun wollen wir auch dem Winter nicht grollen
und ihm auch Lieder des Dankes zollen.

Hoffmann von Fallersleben

Adventspuzzlekalender

Gestaltungsaktion ab 3 Jahren

Das brauchen Sie:

- 1 Adventsmotiv, ausgedruckt auf einem DIN-A3- oder DIN-A4-Blatt
- 2 Bogen roten oder grünen Fotokarton im gleichen Format
- Klebstoff
- Scheren
- schwarzen Filzstift
- evtl. Laminiergerät

Das Adventsmotiv können die Kinder entweder selbst malen oder Sie wählen ein Motiv aus dem Internet aus, das Sie in der Größe Ihrer Wahl ausdrucken. Das Motiv auf den Fotokarton kleben. Mit einem Lineal teilen die Kinder das Puzzle in so viele Stücke, wie noch Tage bis zum letzten Kita-Tag verbleiben. Dazu malen Sie die Stücke mit schwarzem Filzstift vor. Nach Wunsch den Bogen jetzt laminieren. Dann den Bogen in die Puzzleteile zerschneiden.
Den noch unbeklebten Bogen auslegen. Die Puzzleteile in eine Schachtel geben. Jeden Tag darf ein Kind ein Puzzleteil anlegen, bis schließlich das Adventsmotiv am letzten Kita-Tag wieder ganz ist.

Auch möglich: Jedes Kind stellt sich in einem kleineren Format sein eigenes Adventspuzzle her, das es am Ende des Jahres mit nach Hause nehmen darf.

Es weihnachtet
SEHR
in der Kita

Aroma malen

Sinneserlebnis ab 4 Jahren

Das brauchen Sie:

- abgelaufene oder nicht mehr verwendbare Weihnachtsgewürze, z. B. Anispulver, Zimtpulver, gemahlene Nelken, Vanillezucker, Orangenschalenpulver usw.
- flüssige Farben (z. B. Acrylfarben)
- dickes farbiges Malpapier, z. B. im Format DIN A5
- Pinsel
- Bleistifte
- Radiergummis
- Pipette
- nach Wunsch: Duftöle

Schnuppern Sie zunächst mit den Kindern die Gewürze durch. Welches Gewürz passt zu welcher Farbe? Stellen Sie Duftfarben her, indem Sie die flüssigen Farben in Schalen mit dem Gewürz mischen, das sich die Kinder dazu wünschen. Falls die Farben zu fest werden sollten, können die Kinder mit der Pipette einige Tropfen Wasser oder auch zusätzlich Duftöl daruntermischen. Stellen Sie auf diese Weise etwa vier bis fünf unterschiedliche Farben her.

Die Kinder malen auf das Malpapier mit Bleistift ein weihnachtliches Motiv ihrer Wahl, z. B. eine Glocke, einen Nikolaus, einen Stern o. Ä. Das Motiv kolorieren sie anschließend mit den Duftfarben ihrer Wahl.

Der zauberhafte Adventskorb

Aufpassspiel ab 2 Jahren

Das brauchen Sie:

- 2 gleiche Adventsdeko-Teile, z. B. 2 Glöckchen, 2 Sternanhänger, 2 Teelichter usw.
- 2 gleiche Alltagsgegenstände, z. B. Wäscheklammern, Muggelsteine, Radiergummis usw.
- 1 Säckchen aus Stoff oder 1 Tablett mit Tuch

Die Gegenstände in das Säckchen oder auf das Tablett legen. Das Tablett mit einem Tuch bedecken. Die Kinder dürfen der Reihe nach einen Gegenstand blind herausfischen und erklären, ob dieser Gegenstand zum Advent und der Weihnachtszeit gehört oder nicht (und warum). Bei den Alltagsgegenständen sind die Kinder bestimmt erstaunt und auch der eine oder andere Lacher wird sich dazwischenschleichen. Sind alle Gegenstände herausgefischt, suchen die Kinder die Paare zusammen. Auch ein Tastmemory kann sich anschließen: Alle Gegenstände wieder zurücklegen, abdecken und blind die gleichen Paare ertasten.

Duftgeschenke

Sinneserlebnis ab 5 Jahren

Das brauchen Sie:

- kleine Seifenstücke
- Schnitz- und Bohrmaterial wie Schnitzmesser, Pfrieme und Prickelnadeln
- Bleistifte
- Handbohrer
- wasserfeste Kordel

Die Kinder bekommen jeweils ein Seifenstück. Zunächst bohren sie ein Loch in die Seifen. Daran kann die Seife später in der Badewanne oder am Waschbecken befestigt werden. Die Seife können die Kinder nun noch ausgestalten. Beispielsweise eine Tierform aufmalen und ausschnitzen oder Blüten oder andere Motive aufmalen und ausritzen.

Reste und Bruchstücke sammeln Sie in einer Schale. Zusammen mit Blütenblättern entsteht daraus ein Potpourri. Auch möglich: Alle Reste in kleinen Beuteln sammeln, zunähen und als Duftsäckchen verschenken.

Raumdekoration mit Wünschen

Adventsritual ab 5 Jahren

Das brauchen Sie:

- Wäscheleine oder stabile Kordel
- Wäscheklammern
- schönes Papier zum Beschriften
- Filzstifte
- Adventsanhänger (z. B. Strohsterne oder selbst gebastelten Adventsschmuck)

Die Wäscheleine so hoch im Raum spannen, dass niemand daran hängen bleiben kann. Das Papier in etwa 10 x 10 cm große Zettel schneiden. Die Kinder notieren mithilfe der pädagogischen Fachkraft auf den Zetteln, was sie mit Weihnachten verbinden oder was ihnen an Weihnachten und am Advent besonders gut gefällt. Kinder, die nicht schreiben möchten, können auch Adventsmotive aufmalen. Die Zettelchen abwechselnd mit den Anhängern mit den Wäscheklammern an der Leine befestigen. Wie wäre es, wenn die Kinder auch ihre Wünsche (für sich selbst und für andere) mit auf die Zettelchen schreiben?

Kerzenengel

Gestaltungsaktion ab 5 Jahren

Das brauchen Sie:

- je eine große weiße oder beigefarbene Kerze/pro Engel
- stabile Goldfolie oder goldfarbene Pappe
- Bleistift
- Scheren
- Cutter/Teppichmesser (benutzt nur die pädagogische Fachkraft oder ein Kind unter genauer Aufsicht)
- Stecknadeln

Auf die Goldfolie einen in der Größe zur Kerze passenden Flügel samt Ansteckklasche aufmalen und ausschneiden. Den Flügel auf die Folie legen und ein zweites Mal ausschneiden. Beide Flügel mit den Stecknadeln an der Kerze befestigen.

Den Winter

begrüßen

Es schneit!

Fingerspiel ab 1 Jahr

Es schneit, es schneit und alles wird weiß,
(Jubeln)

Flocken rieseln zart und leis.
(Mit den Händen und Fingern das Rieseln nachstellen: Hände mit gespreizten und wackelnden Fingern von oben nach unten führen)

Decken den Boden mit Zauberhand zu,
(Mit den Händen über den Tisch/Oberschenkel streichen oder mit einer Hand über die andere streicheln)

leise und weiß wird die Welt im Nu.
(Den Finger an die Lippen legen und ganz leise mitflüstern)

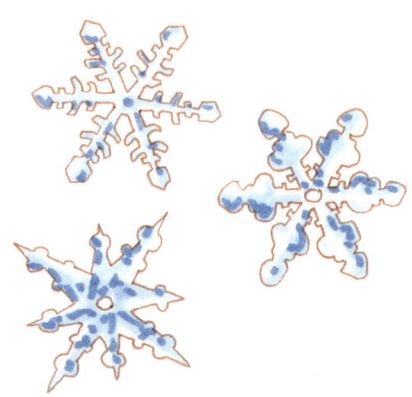

Weiße Flocken am Himmel

Tanzspiel ab 2 Jahren

Weiße Flocken am Himmel
schweben sacht auf die Welt, …
(Mit den Händen Regnen und Schneien darstellen)

… dreh'n im Tanze sich lustig,
wie es ihnen gefällt.
(Sich einmal um sich selbst drehen)

Komm und tanz mit uns Flocken,
dreh dich mit uns im Kreis.
(Winkbewegungen machen)

Klatsch den Schneeflockenreigen,
hock dich nieder ganz leis'.
(In die Hände klatschen, dann in die Hocke gehen)

Kleine Flocke am Boden,
willst du schlafen im Moos?
(In der Hocke die Hände zusammenlegen und das Schlafen nachstellen)

Kommt ein Windchen geflogen,
kleine Flocke, flieg los.
(Aufspringen und davonlaufen)

Pantoffelsalat

Kreisspiel ab 3 Jahren

Das brauchen Sie:

- einen Hausschuh von jedem Mitspieler

Die Kinder ziehen je einen ihrer Hausschuhe oder Pantoffeln aus. Alle Hausschuhe kommen in die Kreismitte, die Kinder nehmen drumherum Platz und mischen den Pantoffelsalat kurz durch.

Der erste Spieler darf sich nun aus dem Pantoffelsalat blind einen Hausschuh aussuchen. Wem könnte dieser Schuh gehören. Clevere Spieler schauen sich dazu die Füße ihrer Mitspieler an. Schwieriger wird es, wenn die Spieler beide Schuhe ausgezogen haben, sodass die Kinder nicht am übriggebliebenen Schuh erkennen können, wer der Eigentümer des Schuhs aus dem Pantoffelsalat ist.
Glaubt das Kind, den Eigentümer gefunden zu haben, so geht es zu ihm und sagt: „Guten Tag, … (den Namen des Kindes einfügen), ich habe deinen Hausschuh!" Liegt das Kind richtig, darf der Empfänger seinen Pantoffel entgegennehmen und ist nun selbst an der Reihe, einen Pantoffel aus dem Salat zu ziehen. Das Spiel geht so lange, bis alle Kinder wieder beide Hausschuhe tragen.

Warum ist es im Winter kalt?

Im Winter ist die Erde auf ihrer ellipsenförmigen Umlaufbahn der Sonne am nächsten: Warum also ist es denn ausgerechnet dann kalt? Das liegt an der Neigung der Erde. Sie dreht sich nicht ganz gerade um sich selbst, sondern ist sozusagen etwas gekippt. Dadurch ist die Nordhalbkugel im Winter von der Sonne weggeneigt. Wer in Berlin wohnt, lebt übrigens fast auf gleicher geografischer Breite mit der Südspitze Grönlands, Sibirien und Alaska. Bei uns ist es bei Weitem nicht so kalt wie dort, denn im Winter profitiert Mitteleuropa vom warmen Golfstrom im Atlantik (Nordatlantikstrom).

Leuchtende Schneekugelgestalten

Gestaltungsaktion ab 4 Jahren

Das brauchen Sie:

- Schnee
- Ästchen und Stöckchen
- Zapfen
- Steinchen
- LED-Licht oder Teelicht

Im Außengelände rollt sich jedes Kind eine Schneekugel. Ausgehend von dieser Form darf sich jedes Kind nun sein Schneetier oder seine Schneegestalt formen, z. B. Pferde, Hunde, Schneemänner, Blumen usw. Irgendwo am Schneetier oder der Schneegestalt sollen die Kinder eine Vertiefung anbringen, sodass ein kleines Lichtchen darin Platz finden kann. Lichtchen anzünden oder anknipsen. Gerade in der Dämmerung sieht es schön aus, wenn die Schneegestalten nun vor sich hin leuchten.

Schneewerfen

Bewegungsspiel ab 4 Jahren

Das brauchen Sie:

- Schnee
- 1 Zweig

Im Außengelände suchen die Kinder einen freien Platz. Hier bauen sie einen Turm, in dessen oberes Ende sie den Zweig stecken. Jedes Kind darf sich drei Schneebälle formen. Mit dieser Munition muss es versuchen, den Zweig zu treffen. Wer schafft es, den Zweig so zu treffen, dass er umfällt oder wegknickt?

Spiele und Reime

FÜR DIE

Winterzeit

Schneestern

Kreisspiel ab 4 Jahren

Das brauchen Sie:

- 1 hübschen Eiskristall oder Stern aus Pappe oder Kunststoff (höchstens 1-Euro-Münzen-groß, ersatzweise 1 weißen Muggelstein)

Die Kinder stehen in einem Stehkreis. Ein Kind steht in der Kreismitte, es ist der Schneestern und bekommt den Kristall in die Hand. Ein weiteres Kind, der Schneesternjäger, steht außerhalb des Kreises. Die Kinder im Kreis halten ihre Hände aneinandergelegt vor dem Körper. Der Schneestern geht nun von Kind zu Kind und hält den in seinen Händen verborgenen Schneestern über die Hände der Kinder. Bei einem Kind seiner Wahl lässt er den Schneestern in die Hände des Kindes gleiten. Der Schneesternjäger außerhalb des Kreises muss gut beobachten. Kann er erraten, welches Kind den Schneestern bekommen hat? Zum Spiel können die Kinder passend zur Melodie von „Taler, Taler, du musst wandern" dieses etwas abgewandelte Lied singen.

Schneestern, Schneestern, du musst wandern,
von der einen Hand zur andern.
Das ist schön, das ist schön,
Schneestern, lass dich nur nicht seh'n.

Schneemannpops

Rezept ab 4 Jahren

Das brauchen Sie für 20 Pops:

- 1 fertigen Biskuitboden (selbst gebacken oder gekauft, ca. 250 g)
- 200 g Frischkäse
- 200 g weiße Kuvertüre oder weiße Schokolade
- 20 Minischokokekse
- dunkle Zuckerschrift
- nach Wunsch Schaschlikspieße

Den Kuchenboden zerbröseln die Kinder in einer weiten Schüssel ganz fein. Den Frischkäse nach und nach mit einem Löffel dazugeben und portionsweise einarbeiten, bis ein fester Teig entsteht. Aus der Masse 20 Kugeln formen und für mindestens eine Stunde (oder über Nacht) im Kühlschrank fest werden lassen.

Die Kuvertüre oder Schokolade im Wasserbad schmelzen und etwas auskühlen lassen. Die Kugeln mit einer Gabel oder aufgesteckt auf einen Schaschlikspieß in die Kuvertüre halten, sodass sie rundherum bedeckt sind. Auf Backpapier oder Alufolie setzen und die Schokokekse als Hütchen aufsetzen. Trocknen lassen. Nach dem Trocknen mit der Zuckerschrift Augen und Mund aufmalen. Die Pops können Sie statt mit Schokokeks als Hut auch in Kokosflocken wälzen. Statt der Zuckerschrift können Sie Augen und Nase auch mit Zuckerperlen aufkleben.

Schlittenhunderennen

Bewegungsspiel ab 2 Jahren

Heute ist es wieder einmal knackig kalt in der Arktis. Genau das richtige Wetter für das Schlittenhunderennen. Alle Schlittenhunde kommen mit ihren Schlitten an die Startlinie.
(Die Kinder legen ihre Hände wie oben beschrieben vor sich auf die Oberschenkel oder in die Kreismitte)

Gleich ertönt der Startschuss für das Rennen: Auf die Plätze, fertig, los!
(Die Spielleiterin oder pädagogische Fachkraft macht das Geräusch einer Schießpistole nach, die Kinder beginnen, mit ihren Händen auf die Oberschenkel oder den Boden zu patschen)

So kurz nach dem Start halten sich die Hunde noch zurück, um Kräfte zu sparen, aber jetzt werden sie schneller …
(Schneller patschen)

… und noch schneller …
(Noch schneller patschen)

… und noch einmal viel schneller. Die Hunde rasen nur so.
(Ganz schnell patschen)

Was ist das? Ein Hindernis? Ein riesiger Eishaufen liegt mitten auf der Rennstrecke. Die Hunde springen weiiiiit hinüber.
(Hände hochheben und nach hinten lehnen)

Und noch ein Eishaufen? Wieder müssen die Hunde ganz weit und hooooch springen.
(Wieder die Hände hochheben und zurücklehnen)

Weiter geht das Rennen. Der Rennweg macht eine Kurve nach links …
(Die Kinder lehnen sich nach links und patschen dabei weiter)

… und jetzt nach rechts …
(Nach rechts lehnen)

… und gleich noch einmal nach rechts.
(Noch einmal nach rechts lehnen)

Da kommt schon das Ziel in Sicht. Jetzt holen die Hunde noch einmal alles aus ihren Beinen raus und rennen so schnell sie nur können.
(Ganz schnell patschen)

Hurra, jetzt sind alle im Ziel. Was für ein Jubel. Die Zuschauer sind begeistert. Was für ein tolles Rennen. Die Hunde winken den Zuschauern zu.
(Jubeln und sich zuwinken)

Reinschlüpf-Reime

Anziehreim ab 2 Jahren

Schneehosen *brauchen heute*
die großen und die kleinen Leute.

Als Nächstes kommen **Stiefel** *dran,*
die zieht man an die Füße an.

Die dicke **Jacke** *mach ich zu,*
dann hab ich vor der Kälte Ruh'.

Der **Schal** *kommt um den Hals herum,*
bin schon groß, bin gar nicht dumm.

Handschuhe *brauchen meine Hände,*
schützen Finger im Gelände.

Und zum Schluss die **Mütze** *her,*
anziehen, das ist gar nicht schwer.

Spiele
FÜR
drinnen & draußen

Stuhlkreisdetektive

Kreisspiel ab 4 Jahren

Das brauchen Sie:

- je 2 gleiche sehr kleine Gegenstände (z. B. Kunst-stoffspielzeuge, Flummis, Perlen, Muggelsteine usw.)

Die Kinder sitzen im Stuhlkreis, ein Kind wartet vor der Tür. Die Stuhlkreiskinder finden sich zu Paaren zusammen. Jedes Paar sucht sich zwei gleiche Gegenstände aus, z. B. zwei gleiche Muggelsteine. Nun setzen sich die Kinder bunt verteilt in den Stuhlkreis. In der rechten Faust hält jedes Kind seinen Gegenstand versteckt. Die Faust mit dem Gegenstand legt es auf seinen Oberschenkel.

Das wartende Kind darf nun den Stuhlkreis betreten. Wenn es auf eine Faust tippt, muss das Kind seine Faust öffnen und das Kind gucken lassen, welchen Gegenstand es darin versteckt hält. Nach den Memoryregeln versucht das hereingerufene Kind auf diese Weise, die Kinderpaare neu zu finden. Paare, die gefunden wurden, verlassen den Stuhlkreis. Natürlich dürfen die Paare dem ratenden Kind auch helfen.

Wattekugelnzielwerfen

Bewegungsspiel ab 4 Jahren

Das brauchen Sie:

- viele unterschiedlich große Wattekugeln
- Eierkarton (10er-Pack)
- Filzstifte

Den Eierkarton aufklappen. Die einzelnen Felder mit Ziffern von 1 bis 10 beschriften. Die Kinder versuchen, mit den Wattekugeln in die Felder zu zielen, und zählen ihre Punkte zusammen. Den Eierkarton können die Kinder außen bunt bemalen und bekleben und sich so ihr Aufklappspiel herstellen, das sie überallhin mitnehmen können. Die Kinder denken sich selbst Spielregeln aus: Wer hat mit wie vielen Punkten gewonnen? Wie viele Runden werden gespielt?

Inselspiel

Bewegungsspiel ab 4 Jahren

Das brauchen Sie:

- Stühle in der Anzahl der Spieler und 1 Stuhl zusätzlich

Die Kinder sitzen im Kreis auf den Stühlen, sodass ein Stuhl leer bleibt. Das Kind, dessen linker Platz leer ist, beginnt mit dem Satz: „Ich bin …" Das nächste Kind links vom leeren Platz setzt sich nun auf den leeren Stuhl und ergänzt: „… auf einer Insel gestrandet!" Der nun links vom jetzt leeren Platz sitzende Spieler rückt nach und spricht weiter: „Und ich wünsche mir … den/die … herbei!" Dabei nennt es den Namen eines Spielers aus der Runde. Der Spieler verlässt seinen Platz und nimmt den leeren Platz ein. Dort, wo der leere Platz entstanden ist, geht das Spiel von vorne los.

Lichtiglu

Gestaltungsaktion ab 2 Jahren

Das brauchen Sie:

- 1 batteriebetriebenes LED-Licht (ersatzweise Teelicht)
- Schnee

Aus Schnee formen die Kinder viele etwa gleich große Schneebälle. Die Schneebälle zu einem kleinen Iglu etwa kniehoch zusammensetzen. Dabei ganz oben eine Stelle an der Igludecke offen lassen. Das Licht hineinstellen und anknipsen oder anzünden, den letzten Schneeball aufsetzen. Das Häuschen strahlt nun von innen und leuchtet in den dunklen Nachmittags- und Morgenstunden Besuchern den Weg.

Flockenfangen

Experiment ab 2 Jahren

Das brauchen Sie:

- schwarzes Tonpapier
- Lupen

Es schneit? Mit schwarzem Tonpapier bewaffnet und dick angezogen begeben sich die Kinder nach draußen. Sie versuchen, eine Flocke auf ihrem Papier landen zu lassen. Nun heißt es schnell sein: Mit der Lupe gucken die Kinder die Flocke an. Mit etwas Glück erkennen sie die Struktur der Eiskristalle. Immer sechszackige Sternchen oder Plättchen hängen hier aneinander. Wasser bzw. Eis bildet immer sechszählige (z. B. sechsarmige) Kristalle.

Schneeballweitergabe

Bewegungsspiel ab 4 Jahren

Das brauchen Sie:

- Schnee

Für dieses Spiel brauchen Sie eine Wiese oder eine Stelle im Außengelände mit viel Schnee. Die Kinder teilen sich in zwei Teams. Jedes Team rollt sich einen großen Schneeball. Die Teamkollegen stellen sich hintereinander auf. Nun gilt es, den Schneeball möglichst schnell und ohne dass er kaputtgeht weiterzugeben: zuerst über den Köpfen, dann unter den gegrätschten Beinen hindurch. Welches Team ist das schnellste?

Märchenhafte Ideen

FÜR DIE

Winterzeit

Der süße Brei

Märchen ab 2 Jahren

Es war einmal ein sehr armes Mädchen. Das Mädchen lebte ganz allein mit seiner Mutter in einem kleinen Häuschen. Weil das Mädchen und seine Mutter sehr arm waren, hatten sie bald nichts mehr zu essen. Das Mädchen wanderte in den Wald. Da begegnete es einer alten Frau.

„Warum guckst du denn so traurig?", fragte die alte Frau.

„Ich habe solchen Hunger", erklärte das Mädchen. „Meine Mama und ich haben nichts mehr zu essen."

Da schenkte die Frau dem Mädchen einen Topf.

„Das ist ein ganz besonderes Töpfchen", erklärte die Frau. „Wenn du zum ihm sagst: ‚Töpfchen, koch!', dann kocht es dir süßen, guten Hirsebrei. Und wenn du willst, dass das Töpfchen wieder mit dem Kochen aufhört, so sagst du zu ihm: ‚Töpfchen, steh!' Verstehst du das?"

Das verstand das Mädchen. Es ging mit dem Töpfchen heim zu seiner Mutter und gleich probierten sie es aus: Sie sagten „Töpfchen, koch!" zu dem Topf und aßen gemütlich den warmen, süßen Hirsebrei. Von nun an hatten sie nie mehr Hunger und immer genug zu essen.

Doch eines Tages war die Mutter allein zu Hause, denn das Mädchen war ausgegangen. Die Mutter, die hungrig wurde, sagte zum Töpfchen „Töpfchen, koch!" und schon begann das Töpfchen, Brei zu kochen. Die Mutter aß eine Schüssel Brei, dann noch eine, dann war sie satt. Aber ihr fiel nicht mehr ein, wie der Spruch hieß, damit das Töpfchen aufhörte. Sie überlegte und überlegte und kam nicht mehr darauf. Das Töpfchen kochte inzwischen immer weiter Brei. Brei überschwemmte die Küche, drang durch den Flur und zur Haustür hinaus, über den Gartenweg nach draußen auf die Straße und überschwemmte die Straße. Die Mutter war ratlos. Die Leute auf der Straße wunderten sich natürlich, wo der Brei herkam. Auch das Mädchen sah den Brei und rannte durch den Brei schnell nach Hause zur Mutter. Es kämpfte und aß sich durch die Breiberge in die Küche zur Mutter.

„Töpfchen, steh!", keuchte das Mädchen und endlich hörte der Topf auf zu kochen.

„Ach, so hieß das Sprüchlein!", erinnerte sich nun auch die Mutter.

Und dann musste jeder, der ins Haus wollte, sich zuerst durch den Brei hindurchfuttern.

Süßer Hirsebrei aus dem Märchen

Rezept ab 1 Jahr

Das brauchen Sie für 8 Kinder und 2 pädagogische Fachkräfte:

- 2 l Vollmilch (oder ein veganes Produkt, z. B. Reismilch oder Mandelmilch)
- 1 Prise Salz
- 300 g geschälte Hirse
- nach Wunsch 80 g Rosinen
- 1 Vanilleschote, längs aufgeschnitten
- nach Wunsch 1 Messerspitze Zimt
- 8 Esslöffel Honig, Agavendicksaft oder Rohrzucker

Die Hirse in einem Sieb kalt abwaschen. Die Milch mit der Hirse (nach Wunsch den Rosinen) und der Vanilleschote zum Kochen bringen und etwa 5 Minuten köcheln lassen. Danach die Herdplatte abstellen und auf der noch heißen Herdplatte weitere 10 Minuten ausquellen lassen. Nun nach Geschmack süßen.

Zum Brei passt frisches oder eingemachtes Obst.

Hirse ist dank ihres hohen Gehaltes an Vitaminen und Mineralstoffen wie Eisen, Silicium und Magnesium sehr gesund.

Deftiger Hirsebrei als Variation

Rezept ab 2 Jahren

Das brauchen Sie für 8 Kinder und 2 pädagogische Fachkräfte:

- 2 l Gemüsebrühe (salzarm)
- 300 g geschälte Hirse

Die Hirse waschen und mit der Gemüsebrühe in einem Topf zum Kochen bringen. Etwa 5 Minuten (Packungsangabe beachten) bei mittlerer Temperatur köcheln lassen. Danach die Herdplatte abstellen und weitere 10 Minuten ausquellen lassen.

Zum Hirsebrei passen jede Art von Gemüse und Gemüsegerichten (z. B. Ratatouille), aber auch Spiegeleier oder Salat.

Winterkunst
FÜR
Klein und Groß

Eislicht

Gestaltungsaktion ab 3 Jahren

Das brauchen Sie:

- 1 Schale oder Schüssel
- 1 kleinere Schale, Becher oder Teelichthalter
- Wasserfarben
- Pinsel
- Tee- oder LED-Lichter

Die kleine Schale oder den Becher in die größere Schale stellen. Beide Gefäße sollten frostsicher und tiefkühlgeeignet sein! In die größere Schale Wasser füllen. Mit einem Pinsel und etwas Wasser eine Wasserfarbe in der gewünschten Farbe anrühren und mit dem Pinsel die Farbe in das Wasser in der großen Schüssel tropfen. Die Schüsseln nun nach draußen oder in die Tiefkühltruhe stellen, bis das Wasser gefroren ist. Die Schalen vorsichtig voneinander lösen: Ein Eisring ist entstanden. Ein Licht hineinstellen und das Eislicht im Außengelände aufstellen.

Auch möglich: Sandkastenförmchen mit gefärbtem Wasser füllen, ein Ästchen einstecken, damit beim Gefrieren später eine Öffnung bleibt. Die so entstandenen Figuren im Außengelände an Bäumen aufhängen.

Tipp: Sie können das Wasser auch mit Lebensmittelfarben färben.

Schneemann

Malaktion ab 3 Jahren

Das brauchen Sie:

- Tonkarton oder Tonpapierbogen in Blautönen
- weißes Malpapier
- kleine schwarze Knöpfe (ersatzweise Wackelaugen oder schwarze Tonpapierreste)
- Tonpapierreste in Orange und Schwarz
- schwarzen Filzstift
- Schere
- Klebstoff
- Wattestäbchen
- flüssige, gut deckende weiße Farbe
- Pinsel

Aus dem Malpapier schneiden die Kinder drei unterschiedlich große Kreise aus (z. B. mithilfe von Gläsern und Bechern als Schablonen). Die Kreise als Schneemann auf einen Bogen blaues Tonpapier kleben. Augen mit den Knöpfen gestalten. Einen Mund mit einem schwarzen Filzstift malen. Als Nase orangefarbenes Tonpapier zu einer Tüte rollen und aufkleben. Aus den schwarzen Tonpapierresten einen Hut ausschneiden und auf dem Kopf ankleben. Den Boden mit der weißen Farbe bemalen. Mit den Wattestäbchen in die weiße Farbe tupfen und Schneeflocken auf das Malpapier auftupfen.

Schneefeen

Gestaltungsaktion ab 4 Jahren

Das brauchen Sie:

- Wattekugeln oder nicht mehr verwertbare Walnüsse
- Märchenwatte (ersatzweise Füllwatte)
- Klebstoff
- Wackelaugen
- Nadel und Faden
- Geschenkband in Weiß oder Silber

Die Wattekugeln oder Nüsse mit Klebstoff bestreichen und mit Märchenwatte umhüllen. Die Enden der Märchenwatte zipfelig nach unten ziehen, sodass es aussieht wie ein Kleidchen, und mit etwas Band festbinden. Wackelaugen auf den Kopf aufkleben. Mit Nadel und Faden einen Aufhänger annähen, sodass die Feen von der Decke schweben können.

Die drei Spatzen

In einem leeren Haselstrauch,
da sitzen drei Spatzen, Bauch an Bauch.
Der Erich rechts und links der Franz
und mittendrin der freche Hans.
Sie haben die Augen zu, ganz zu,
und obendrüber, da schneit es, hu!
Sie rücken zusammen dicht an dicht,
so warm wie Hans hat's niemand nicht.
Sie hör'n alle drei ihrer Herzlein Gepoch.
Und wenn sie nicht weg sind, so sitzen sie noch.

Christian Morgenstern

Glitzerwinterketten

Gestaltungsaktion ab 4 Jahren

Das brauchen Sie:

- Zapfen
- Wattebäusche
- Pappsterne oder Eiskristalle
- Drachenschnur
- Scheren
- flüssige Glitzerfarben in Weiß und Gold

Die Kinder bemalen die Zapfen mit der Glitzerfarbe. Gut trocknen lassen. Die Zapfen mithilfe der pädagogischen Fachkraft an der Drachenschnur festbinden. Durch die Pappsterne ein Loch bohren und die Sterne mit aufziehen. Genauso die Wattebäusche mit auffädeln. Die Ketten am Fenster oder an einer Tür aufhängen.

Meisenknödel

Rezept ab 3 Jahren

Das brauchen Sie:

- 500 g Kokosfett
- 500 g Körnermischung
- nach Wunsch Ausstechförmchen
- Kordel

Das Kokosfett in einem großen Topf langsam erwärmen, sodass es fast flüssig wird. Abkühlen lassen. Dann die Körnermischung dazugeben und umrühren. Sobald das Fett wieder fest zu werden beginnt, können die Kinder aus der Masse Figuren und Kugeln formen. Figuren entstehen z. B., wenn die Kinder die Masse in Ausstechförmchen geben. Mit Zahnstochern Löcher in die Formen bohren und Kordel hindurchführen. Alle Vogelfutterstücke fest werden lassen.

Verrückte Ideen
FÜR DIE
Faschingszeit

Närrische Zungenbrecher

Sprachförderspiele ab 3 Jahren

Auf der Faschingsparty oder im närrischen Stuhlkreis: Diese Zungenbrecher werden die Kinder lange faszinieren.

Die Katzen kratzen am Katzenkasten, am Katzenkasten kratzen die Katzen.

Bürsten mit schwarzen Borsten bürsten besser als Bürsten mit weißen Bürstenborsten.

Wenn dein Dackel meinen Dackel noch einmal Dackel nennt, dann bekommt dein Dackel von meinem Dackel so eine gedackelt, dass dein Dackel nicht mehr Dackel sagen kann.

Als Anna abends aß, aß Anna abends Ananas.

Zwanzig Zwerge zeigen Handstand, zehn im Wandschrank, zehn am Sandstrand.

Discospiel für die Faschingsparty

Tanzspiel ab 4 Jahren

Das brauchen Sie:

- CD-Spieler mit Musik
- Luftballons

Die Luftballons aufpusten und auf der Tanzfläche verteilen. Den CD-Spieler anstellen. Die Kinder tanzen zwischen den Luftballons und versuchen, die Ballons nicht zum Platzen zu bringen. Verstummt die Musik, müssen alle Tänzer mitten in der Bewegung wie versteinert stehen bleiben, und zwar genau in der Bewegung, die sie gerade ausführen wollten.

Variation:

Verstummt die Musik, kann die pädagogische Fachkraft oder eine Spielleitung auch ein Kommando für verschiedene Kostüme ausrufen, z. B.: „Alle Prinzessinnen rennen eine Runde durch den Raum!" oder „Alle Ninjas machen einen verrückten Tanz!" usw. Platzt beim Tanzen und Rennen doch ein Ballon, müssen alle Spieler blitzschnell den Platz wechseln und dann ganz still stehen bleiben.

Prinzessin Tausendschön

Fingerspiel ab 2 Jahren

*Die Prinzessin Tausendschön
will heut' nicht nach draußen geh'n.*
(Die linke Hand zur Faust ballen, Daumen einschließen. Am Daumen ziehen und so tun, als würde man ihn nicht herausbekommen.)

*Kommt der Clown Herr Zappelmann,
klopft bei der Prinzessin an.*
(Mit dem Zeigefinger der anderen Hand auf die Faust klopfen)

*Kommt die Hexe Schwabbelbauch,
klopft bei der Prinzessin auch.*
(Mit dem Mittelfinger an der Faust klopfen)

*Kommt der Ritter Klapperwicht,
auch den hört die Prinzessin nicht.*
(Mit dem Ringfinger klopfen)

*Zum Schluss, da kommt ein winzig Ding,
macht am Häuschen ring, ring, ring.*
(Mit dem kleinen Finger klopfen)

*Da wacht die Schönheit auf vom Schlaf,
fragt, ob sie mit aufs Faschingsfest darf.
Juhu!*
(Den Daumen aus der Faust ziehen und laut „Juhu!" rufen)

Konfettilicht

Gestaltungsaktion ab 4 Jahren

Das brauchen Sie:

- 1 Teelichtglas
- doppelseitige durchsichtige Klebefolie
- Konfetti
- Teelicht oder LED-Licht
- Scheren

Das Teelichtglas auf die Folie legen und so die Höhe für Streifen abmessen. Streifen zuschneiden, die Folie an einer Seite entfernen und mit der klebenden Seite nach oben auf die Arbeitsfläche legen. Glas mit der Folie umkleben und die zweite Schutzfolie abzielen. Das Glas nun in Konfetti rollen und trocknen lassen.

Clownbild

Malaktion ab 2 Jahren

Das brauchen Sie:

- Finger- oder Wasserfarben und Pinsel
- Filzstift
- Wollreste
- Tonpapierreste
- Malpapier
- weiteres Material nach Ideen der Kinder, z. B. Knöpfe, Wackelaugen usw.

Eine Handfläche in einer bunten, hellen Farbe anmalen. Dann jeden Finger dieser Hand in einer anderen Farbe. Die Hand so auf ein Malpapier drücken. Der Abdruck der Handfläche wird das Clownsgesicht, die Finger die Clownshaare. Die Kinder gestalten es nach eigenen Ideen weiter, z. B. indem sie Augen und Mund aufmalen, eine Fliege aus Papier falten und dazukleben, Knöpfe aufkleben oder Wollreste als Haare gestalten.

Das macht Spaß zur
WINTER- UND
Faschingszeit

Ein Männlein steht im Kreise

Männlein, wander' rundherum,
um die Kinder wander' rum.
Geht vorsichtig und zart mit dem Männlein um.

Singspiel ab 3 Jahren

Das brauchen Sie:

- Luftballons
- Konfetti
- kleine Schellen oder Glöckchen
- Trichter

Einen Luftballon mithilfe des Trichters mit einer Handvoll Konfetti füllen. Zwei oder drei Glöckchen in den Luftballon stecken. Den Luftballon nun sehr prall aufpusten und gut zuknoten. Die Kinder geben den Ballon nun im Sitz- oder Stehkreis weiter und singen nach Wunsch dieses Liedchen zur Melodie von „Ein Männlein steht im Walde" dazu.

Beim ersten Durchgang singen die Kinder ganz leise oder flüsternd und geben den Ballon langsam und konzentriert weiter, bei den nächsten Durchgängen dürfen sich Geschwindigkeit und Lautstärke immer weiter steigern. Platzt der Ballon, so gibt er einen Klingel- und Konfettiregen frei.

Ein Männlein steht im Kreise,
ganz still und stumm.
Sei vorsichtig und leise,
sonst macht es „Bumm!".

Hexenmasken

Gestaltungsaktion ab 5 Jahren

Das brauchen Sie:

- große braune Papiertüten
- Filzstifte
- flüssige Farben
- Pinsel
- Packpapier
- bunte Tonkartonreste
- Luftschlangen
- Scheren
- Klebstoff
- Wollreste
- Klebeband
- weiteres Material nach Ideen der Kinder (z. B. Pompons, Stoffreste usw.)

Die Papiertüten probeweise kurz (!) aufsetzen: Die Augen ertasten und mit Filzstift aufmalen. Den Mund und die Nase genauso aufmalen. Tüte absetzen und für die Augen, die Nase und den Mund Löcher einschneiden.
Das Gesicht weiter gestalten, z. B. mit Filzstift gruselige Warzen und Falten aufmalen. Als Augenbrauen

Wollreste oder Reste von Luftschlangen aufkleben. Eine lange Nase aus Packpapier drehen und über der Nasenöffnung mit Klebstoff und zusätzlich Klebeband befestigen.

Zum Schluss die Haare aus Luftschlangen, Wollresten oder Pappstreifen gestalten oder Stoffreste als Kopftuch arrangieren. Möchten die Kinder ihren Hexen Namen geben?

Schneebälle zum Aufessen

Rezept ab 3 Jahre

Das brauchen Sie für den Teig:

- 300 g Mehl
- 100 g gemahlene Mandeln
- 100 g Zucker
- 1 Päckchen Vanillezucker
- 1 Prise Salz
- 2 Eigelb
- 200 g weiche Butter

Zum Wälzen:

- 100 g Kokosflocken
- 100 g Puderzucker

Alle Zutaten für den Teig mit den Knethaken des Rührgerätes locker vermischen. Mit den Händen weiterkneten und für zwei Stunden kalt stellen. Dann formen die Kinder mit den Händen Bällchen (Durchmesser etwa 3 cm), die sie auf mit Backpapier belegte Bleche setzen. Im vorgeheizten Ofen bei 200 °C etwa 10 Minuten backen. Puderzucker und Kokosflocken in einem Suppenteller mischen, die Kugeln nach dem Backen kurz abkühlen lassen und darin wälzen, dann erst ganz abkühlen lassen.

Stuhlkreisrennen

Bewegungsspiel ab 4 Jahren

Das brauchen Sie:

- 1 großen Würfel

Die Kinder sitzen im Stuhlkreis. Ein Kind steht in der Mitte. Es würfelt mit dem Würfel. Bei einer 6 müssen alle Kinder aufstehen und einmal außen um den Stuhlkreis herumrennen. In dieser Zeit nimmt das Würfelkind schnell auf einem der Stühle Platz. Das Kind, das nun übrig bleibt, übernimmt den Würfel und die nächste Runde beginnt. Schwieriger und spannender wird es, wenn sich die Kinder weitere Spielregeln überlegen, z. B. bei einer 5 in die andere Richtung um den Kreis zu rennen usw.

Schneemannschnitten

Rezept ab 3 Jahren

Das brauchen Sie:

- rundes Vollkornbrot (ersatzweise Toastscheiben)
- Frischkäse
- schwarze Oliven ohne Stein aus der Dose
- Möhre
- bunte Paprikaschoten
- Gewürzgurken

Die Brote wie bei einem Schneemann auf einem Teller in einer vertikalen Reihe auslegen. Falls Sie Toastscheiben verwenden, können Sie Kreise mit einem Glas ausstechen. Die Brote mit dem Frischkäse bestreichen. Augen aus Gürkchenscheiben gestalten. Die Oliven als Knöpfe über den Schneemannkörper laufen lassen. Aus den Paprikaschoten viereckige Stücke als Eimer oder Hut ausschneiden und auf der obersten Scheibe platzieren. Die Nase aus einem Stück Möhre gestalten.

Bibliografische Information der Deutschen Bibliothek
Die Deutsche Bibliothek verzeichnet diese Publikati-
on in der Deutschen Nationalbibliografie; detaillierte
bibliografische Daten sind im Internet über
http://dnb.ddb.de abrufbar.

1. Auflage 2017

© 2017 Verlag Ernst Kaufmann, Lahr

Texte:
Lena Buchmann

Illustrationen Umschlag und Innenteil:
Maryse Forget, Lahr

Umschlaggestaltung, Layout und Satz:
In null, nichts Mediengestaltung
Thamar Wendler, St. Ingbert und Rheinböllen

Bilderverzeichnis:
S. 25 © -=MadDog=- – Fotolia.com
S. 27 © Alexey Bannykh – Fotolia.com
S. 36 © Alexey Bannykh – Fotolia.com
S. 34 © Irochka – Fotolia.com
S. 40 © Rachael Arnott – Fotolia.com
S. 42 © derbisheva – Fotolia.com
S. 44 © nataliahubbert – Fotolia.com
S. 45 © luchioly – Fotolia.com
S. 47 © Rogatnev -– Fotolia.com
S. 54 © Xavier – Fotolia.com
S. 66 © Sushi – Fotolia.com
S. 66 © Deux Rondo – Fotolia.com
S. 67 © Deux Rondo – Fotolia.com
S. 67 © Gribanessa – Fotolia.com
S. 68 © nataliahubbert – Fotolia.com
S. 69 © jihane37 – Fotolia.com
S. 71 © Hans-Jürgen Krahl – Fotolia.com
S. 77 © wakatdesign – Fotolia.com
S. 90 © Goldengel – Fotolia.com
S. 93 © Gulsen Gunel – Fotolia.com

Druck und Bindung:
DZS Grafik

ISBN 978-3-7806-5111-2